Guía completa del Shiba Inu

Vanessa Richie

www.lpmedia.org

Datos de Publicación

Vanessa Richie

Guía completa del Shiba Inu --- Primera edición.

Resumen: "Criar con éxito a un perro Shiba Inu desde cachorro hasta la vejez" --- Proporcionado por el editor.

ISBN: 979-8-89818-004-1

[1. Shiba Inu --- No Ficción] I. Título.

Diseño por Sorin Rădulescu

Primera edición en español, 2025

ÍNDICE

CAPÍTULO 4

CAPÍTULO 5

CAPÍTULO 6

CAPÍTULO 7

CAPÍTULO 8

CAPÍTULO 9

CAPÍTULO 10

CAPÍTULO 11

CAPÍTULO 12

CAPÍTULO 13

CAPÍTULO 14

CAPÍTULO 15

CAPÍTULO 16

CAPÍTULO 17

Problemas de Salud Genéticos Comunes en el Shiba Inu

CAPÍTULO 18

El Shiba Inu en su vejez

INTRODUCCIÓN

Los Shiba Inu son una de las razas de perros más fácilmente reconocibles en el mundo, aunque sería comprensible confundirlos con zorros domesticados. Como una de las seis razas caninas originarias de Japón, ganaron popularidad después de la Segunda Guerra Mundial, período durante el cual la raza estuvo al borde de la extinción. Actualmente, se encuentran en casi todos los continentes del planeta. Mientras que el Shiba Inu siempre ha sido una raza popular en Japón, gran parte del resto del mundo ha aprendido más recientemente a amar a esta adorable raza de carácter sumamente fuerte.

Se consideran perros de tamaño mediano, aunque definitivamente están en el extremo más pequeño de esa escala. Esto los convierte en perros fantásticos para cualquier entorno. Su pelaje de doble capa indica que prefieren climas algo más fríos, y mudan una cantidad considerable durante los meses más cálidos. Esta es una raza relativamente fácil de acicalar, que requiere más cepillado durante los meses cálidos. No necesitarás bañar a tu Shiba con frecuencia, ya que su pelaje es resistente a la suciedad.

Los Shiba Inu son increíblemente inteligentes, reflejo de miles de años trabajando junto a los humanos. Su propensión a escaparse implica que no puedes dejar a este perro solo en el exterior en ningún momento. Además, si no los adiestras adecuadamente, se aburrirán. Esto típicamente se manifiesta en comportamientos destructivos. Dicho esto, los Shiba Inu no son una raza fácil de adiestrar, lo que los convierte en una opción poco recomendable para amos primerizos. A pesar de su naturaleza obstinada, el Shiba Inu puede ser un compañero increíblemente cariñoso y leal para familias que saben cómo manejar razas inteligentes.

Estos perros son increíblemente rápidos y son excelentes participantes en competiciones de agilidad. También disfrutan explorando nuevas áreas contigo, lo que los convierte en grandes compañeros de viaje. Aunque no son conocidos por su simpatía hacia los extraños, estos perros no tienden a ser agresivos. Los Shiba Inu tienen una larga historia persiguiendo presas. Esto explica por qué son tan ágiles hoy en día, y también significa que debes ser un poco más cauteloso cuando salgas con ellos al exterior.

Considerando su extensa historia, los Shiba Inu son sorprendentemente saludables. No son propensos a muchas enfermedades genéticas, aunque la displasia y los problemas oculares son comunes en la raza. Su esperanza de vida está entre los 12 y 16 años, lo que significa que si cuidas bien de tu Shiba Inu, probablemente disfrutarás de más de una década de compañía junto a él.

Foto cortesía de
Rachel Deihl

CAPÍTULO 1
Una De Las Razas Asiáticas Más Reconocidas

Japón dio origen a uno de los perros más fácilmente reconocibles del mundo: el Shiba Inu. A primera vista, podría confundirse fácilmente con un zorro, ya que tienen la misma coloración y son aproximadamente del mismo tamaño. También son increíblemente inteli-

*Foto cortesía de
Joseph Hsu
Instagram @joeshoe*

gentes y no obedecerán a alguien que no haya ganado su respeto. Estos perros han formado parte de las civilizaciones humanas desde el Período Jomon.

Desde El Jomon – Seis Famosas Razas Japonesas

A pesar de ser pequeño, Japón es el origen de seis razas caninas notables:

- Shiba Inu (el más pequeño de los seis)
- Shikoku
- Kishu
- Kai
- Hokkaido
- Akita (el más grande de los seis)

Si realizas una búsqueda rápida sobre cada una de estas razas, probablemente notarás de inmediato que todas tienen una apariencia similar. El que se ve más único es el Kai, en gran parte debido a su pelaje atigrado y su cola. A pesar de estas diferencias, se puede apreciar que las seis razas provienen de un pequeño grupo genético. La diferencia principal es su tamaño, lo que refleja el trabajo que cada una realizó a lo largo de los siglos. Por ejemplo, el grande y conocido Akita se utilizaba antiguamente para ayudar en la caza de presas de grandes. Se cree que el Hokkaido es una de las razas de perros más antiguas del mundo (y ciertamente de Japón). El Shiba Inu fue criado para cazar animales más pequeños.

Detrás Del Nombre

A diferencia de algunas otras razas japonesas, el significado del nombre Shiba Inu está menos claro. La segunda parte, Inu, es bastante sencilla: es la palabra japonesa para perro. El término Shiba, sin embargo, podría referirse a al menos dos aspectos diferentes de la historia del perro. La primera explicación es bastante directa; shiba significa "maleza" en japonés. Esto podría describir el color del pelaje del perro (la maleza tiene un color rojizo similar en otoño) o estar relacionado con la función original de la raza para la caza. Debido a su tamaño, el Shiba Inu cazaba animales pequeños entre los arbustos y la maleza. El segundo posible origen de la palabra shiba proviene de la prefectura de Nagano en Japón, donde el término simplemente significa "pequeño".

Independientemente de cuál sea el verdadero origen del nombre, ambas son formas precisas de describir a este adorable perrito.

Foto cortesía de
Whitney Kono

Foto cortesía de
Inger Lise Fløtten

Un Compañero Diligente En La Caza

La presencia de perros en Japón se remonta hasta el año 7.000 a.C., conocido como el Período Jomon. En las Crónicas de Japón, se señala que los perros fueronherramientas para ayudar a las personas a sobrevivir en la isla. Se cree que el Shiba Inu se estableció alrededor del año 300 a.C., ayudando a las personas que vivían en las montañas y sus alrededores.

Entre 1603 y 1867 d.C., Japón comenzó a importar perros de todo el mundo, lo que ayudó a cambiar la apariencia y el temperamento de algunas razas. Durante los siguientes 50 años, la reproducción con otros perros y la popularidad de estas nuevas razas comenzaron a desplazar a los perros japoneses tradicionales. Las razas japonesas que alguna vez fueron esenciales para la isla sufrieron una fuerte disminución en su número. Como resultado, algunos japoneses comenzaron a temer que los perros nativos de Japón se extinguieran, y durante la primera parte del siglo XX comenzó a formarse un movimiento para proteger las seis razas. El Ministerio de Educación japonés reconoció a las diferentes razas como tesoros nacionales. A pesar de este esfuerzo, el reducido número de perros hizo que casi todos ellos estuvieran al borde de la extinción después de la Segunda Guerra Mundial.

El Impacto De La Segunda Guerra Mundial Y La Salvación Del Shiba Inu De La Extinción

Foto cortesía de Caitlin Rubinstein

La época en la que se realizó el esfuerzo para salvar al Shiba Inu es quizás lo que eventualmente ayudó a salvarlos.

Antes de la Segunda Guerra Mundial, había tres tipos de Shiba Inu, nombrados según su región geográfica específica:

- Mino

- Sanin

- Shinshu

Durante la guerra, muchos perros murieron en los bombardeos. Muchos de los que sobrevivieron a los bombardeos murieron a causa del moquillo, una enfermedad altamente contagiosa en caninos. Gracias a algunos programas de cría que estaban en marcha antes de la guerra, los japoneses pudieron salvar a este adorable perrito de desaparecer por completo. Los criadores recorrieron las partes más remotas del país para encontrar algunos de los últimos Mino y Sanin restantes. Con muy pocos ejemplares para reproducirse, lo mejor fue mezclar las tres variantes para asegurar que hubiera mínimos problemas genéticos. El Shiba actual es el resultado de esos esfuerzos de cría entre los diversos tipos originales de Shiba Inu.

Con muchos militares estadounidenses presentes en Japón, comenzó a crecer el interés por el Shiba Inu. Cuando un militar se llevó un Shiba Inu a casa en 1954, la raza comenzó a ganar mucha atención. Fue reconocida por la Federación Cinológica Internacional en 1992. Hoy en día, el Shiba es el perro más popular en Japón, y fue nombrada la raza número 50 más popular en los Estados Unidos en 2012.

La Lealtad Del Shiba Inu

Una de las razones por las que las personas están dispuestas a aceptar a un perro inteligente con una feroz veta independiente es que son perros increíblemente leales. Son capaces de ayudar a resolver problemas y permanecerán a tu lado cuando más los necesites.

La mayoría de las personas han escuchado la historia del Akita que esperaba a su humano todos los días en la estación de tren años después de que esta persona falleciera. Los Shiba Inu han protagonizado una historia real más reciente que demuestra que son increíblemente leales y amorosos con su familia. Tras el terremoto de Yamakoshi en Japón en 2004, una Shiba Inu logró salir de los escombros. Sacó a sus cachorros de la peligrosa estructura, asegurándose de que estuvieran bien. Luego, entró para encontrar a su amo, un anciano atrapado bajo los escombros. Lo despertó y comenzó a ladrar insistentemente para alertar a los rescatistas sobre su ubicación mientras el hombre trabajaba para salir de los escombros. Posteriormente, fue evacuado en helicóptero de la región. Cuando finalmente pudo regresar un par de semanas después, la Shiba Inu y sus cachorros habían logrado sobrevivir y permanecer saludables bajo circunstancias menos que ideales.

CAPÍTULO 2
Parece un zorro, actúa como un gato, ama como un perro

Entre su apariencia, temperamento y personalidad, el Shiba Inu es una combinación única de varios animales. Su aspecto físico te hace pensar en un zorro. La forma en que un Shiba Inu te mirará con desinterés durante el adiestramiento definitivamente te recordará a un gato. Y cuando se trata de familia, un Shiba te amará tanto como cualquier perro. Aunque son ciertamente pequeños, tienen la personalidad de un perro grande.

Las características físicas distintivas del Shiba Inu

El Shiba Inu es un perro pequeño, compacto y bien constituido, con un peso promedio de 9 kg, siendo los machos de aproximadamente 10 kg y las hembras de unos 8 kg. Miden alrededor de 30 cm a la altura de los hombros, por lo que llegan aproximadamente a la rodilla de la mayoría de los adultos.

La mayoría son de color rojizo, aunque existen variaciones, con algunos ejemplares de color negro y fuego en lugar de rojo o rojo sésamo. Esto es resultado del cruce entre las tres variaciones del Shiba Inu. Los perros tienen doble capa de pelo, lo que les da un aspecto exuberante y esponjoso, bastante similar a un peluche.

La cara de un Shiba es pequeña y redonda, con ojos inteligentes y orejas triangulares. Cuando no están evaluando el mundo que les rodea, estos perros suelen tener una pequeña sonrisa en su rostro, que a menudo se transforma en una expresión de felicidad mientras interactúan con su familia y se divierten.

Problemas de salud comunes en el Shiba Inu

A pesar de su larga historia, los Shiba Inu son una raza muy saludable. Las mayores preocupaciones asociadas a su salud no son potencialmente mortales, y se tratan con más detalle en el Capítulo 17.

Lo que deberás vigilar son los signos de displasia de cadera, luxación de rótula y una serie de problemas oculares. Esta es también una raza que tiende a tener alergias ambientales, rascándose y mordiéndose el cuerpo. Consulta los Capítulos 6 y 16 para obtener detalles sobre las alergias por inhalación.

Algunos Shiba Inu tienen problemas dentales, pero puedes evitar muchos de estos siendo proactivo con el cuidado dental (Capítulo 15).

Foto cortesía de Brooke Steinbach

Advertencia sobre su independencia – Son inteligentes y seguros de sí mismos

"Los Shibas son independientes e inteligentes, tercos, resistentes, activos (con mucha energía), escapistas y reinas del drama (tanto machos como hembras)".

Susan Norris-Jones
SunJo Shiba Inu & Japanese Chin

Uno de los mayores problemas que enfrentan los dueños de Shiba Inu es tener un perro inteligente que simplemente no quiere escuchar. Hay una buena razón por la que los Shiba Inu son a menudo comparados con los gatos: tienen un aire de independencia similar y no son apegados ni están interesados en ser el centro de atención todo el tiempo. Cuando quieren atención, la buscarán, pero, de lo contrario, puede que no estén de humor para jugar contigo cuando tú lo desees.

Tienen una autoestima ilimitada, y por una buena razón. Con su rápido intelecto, generalmente pueden evaluar una situación y descubrir la mejor manera de utilizar lo que tienen a mano para lograr un objetivo.

Esta es una raza que dedicará una cantidad considerable de tiempo a su autolimpieza, lo cual es agradable para ti, y es otra forma en que estos perros se parecen a los gatos. Quieren que sus cuerpos y hogares

*Foto cortesía de
Alayne Levine*

estén limpios, por eso son tan fáciles de educar para hacer sus necesidades (y esto es por qué pueden darte una falsa sensación de de que son fáciles de adiestrar).

Un perro familiar cariñoso y alerta

"El Shiba Inu ha recorrido un largo camino desde tener la reputación de ser agresivo y no llevarse bien con los niños, hasta ser conocido ahora como un compañero muy juguetón y cariñoso".

Jan Hill
Dark Knight Shibas

A pesar de su tamaño, los Shiba pueden ser excelentes perros guardianes. Solo tienes que hacer una rápida búsqueda de videos para ver que esta no es una raza silenciosa. Tienen muchos sonidos diferentes que utilizan para hacerte saber cómo se sienten.

Lo que los hace excelentes perros para apartamentos y buenos perros guardianes es que no tienden a ladrar ante cualquier ruido. Son alertas y atentos, por lo que si hay un ruido que les causa preocupación, te lo harán saber. También pueden hacer vocalizaciones, incluyendo ladridos, cuando están jugando o enojados. Así comotú tiendes a hablar más fuerte cuando te sientes realmente emocionado o enfadado, el Shiba Inu puede ser muy expresivo y vocal cuando siente emociones extremas.

Algunos Shiba suenan como si estuvieran cantando en tirolés o respondiendo, lo que puede ser increíblemente entretenido. Quizás uno de los sonidos más alarmantes que hacen es su grito, generalmente cuando están intentando llamar tu atención para jugar.

Puede ser demasiado perro para amos novatos

"El Shiba Inu no es para el dueño de perros sin experiencia. ¡Las apariencias engañan mucho!"

CJ Strehle
JADE Shiba Inu

*Foto cortesía de
Karolina Bialkowska*

Si todavía estás considerando si este es el perro adecuado para ti, piensa en lo fácilmente que te frustras cuando los niños y los animales no te escuchan. Si tienes dificultades para lidiar con la desobediencia, este probablemente no sea el perro adecuado para ti. Notarás durante el entrenamiento para hacer sus necesidades lo fácil que es para un Shiba aprender cuando quiere, lo que puede hacerte pensar que enseñarle otros comandos será fácil. Desafortunadamente, este no es el caso. Si no quiere hacer algo, tu Shiba Inu te ignorará. Por ejemplo, aunque tu Shiba Inu entenderá la orden de sentarse, solo obedecerá si le conviene.

Los Shiba requieren una cantidad considerable de trabajo, y aunque definitivamente valen el tiempo y el esfuerzo, las personas nuevas en el cuidado de perros tienen menos probabilidades de tener éxito. Esto puede llevar a que las familias devuelvan a sus cachorros. Cuando la gente habla de arrear gatos, esa expresión podría aplicarse igualmente a arrear Shiba Inus. Son perros increíblemente difíciles de adiestrar, lo que resulta aún más frustrante porque tú sabes que pueden aprender, pero simplemente no quieren. Requieren mucho trabajo al principio y un enfoque muy firme y constante en el adiestramiento. Para algunos, incluso eso no será suficiente porque son demasiado independientes para hacer trucos.

CAPÍTULO 3
Encontrando Tu Shiba Inu

Si tú consideras que puedes brindarle a un Shiba Inu el amor y la dedicación adecuados, entonces necesitas asegurarte de encontrar al criador correcto o saber las preguntas adecuadas que debes hacer si deseas un perro adulto.

Adulto vs Cachorro

Esa será tu próxima gran decisión – ¿cuánto trabajo puedes manejar? ¿Serás capaz de lidiar con un cachorro entusiasta que tiene todo por aprender? ¿O prefieres trabajar con un adulto que podría tener problemas que deberás ayudarle a superar? Los cachorros casi siempre requieren más trabajo, pero nunca se sabe qué tipo de experiencias ha vivido un perro adulto que afectarán cómo reacciona al mundo que lo rodea.

La búsqueda para encontrar al nuevo miembro de tu familia tomará tiempo, incluso si decides rescatar a un adulto. Aunque los Shiba Inu son relativamente saludables, existen algunos problemas que pueden resultar de una crianza inadecuada y cuidados deficientes al inicio de la vida de un Shiba Inu. Para asegurarte de obtener un cachorro saludable que será tu com-

Foto cortesía de
Rachel Deihl

pañero amoroso durante el mayor tiempo posible, debes encontrar un criador respetable que se preocupe más por los cachorros que por el dinero.

Consideraciones Y Pasos Para Rescatar Un Shiba Inu Adulto

El enfoque para adoptar un Shiba Inu adulto es el mismo que para adoptar un cachorro de un criador. Sin embargo, con un perro tan inteligente e independiente, querrás hacer muchas más preguntas sobre la adopción de un adulto, particularmente acerca de las experiencias previas del perro.

Consideraciones

Rescatar cualquier perro conlleva algunos riesgos inherentes. Aunque es posible encontrar cachorros Shiba Inu en refugios, es mucho más probable que encuentres adultos rescatados. Adoptar un Shiba Inu mayor podría requerir mucho trabajo, y su historia es muy importante para saber qué esperar. Dado que pueden ser muy tercos, algunas personas pueden rendirse con un Shiba sin esforzarse mucho. Si un perro no ha sido correctamente socializado, puede ser complicado introducirlo en un hogar con otras mascotas. Generalmente no representan demasiado riesgo, pero podrían molestar a tus gatos y otros animales pequeños.

Como con cualquier perro adulto, hay algunas consideraciones que debes reflexionar seriamente antes de decidir adoptar otro perro. Con una raza como el Shiba Inu, necesitas considerar tu situación actual y tu nivel de paciencia, así como lo que deseas de tu nuevo compañero canino. Hay buenas razones por las que los Shiba Inu son comparados con los gatos, lo que no los hará ideales si tú quieres un perro que te siga a todas partes y obedezca cada palabra.

Considera lo siguiente para determinar si un Shiba Inu adulto es adecuado para tu hogar.

1. **¿Por qué quieres traer un adulto a tu casa? ¿Cuáles son las expectativas que tienes del perro?**

   Los Shiba Inu son adorables, pero son muy independientes. Pueden entender las órdenes que les das, pero simplemente no estar de humor para hacer lo que les dices. Quizás es mejor pensar en ellos como pequeños adolescentes porque tienen su propia forma de pensar y saben lo que quieren. Si esto no coincide con lo que les pides, existe una buena probabilidad de que no sigan tus órdenes.

2. **¿Tienes la paciencia para trabajar sobre las dificultaed que un adulto puede tener?**

   Las organizaciones de rescate recopilan toda la información posible

*Foto cortesía de
Vasiliki Georgopoulos*

sobre los perros que rescatan, pero su conocimiento sobre la historia de un perro suele ser muy limitado. Los beneficios de rescatar un Shiba Inu son muy similares a los de adoptar cualquier perro rescatado, pero si no están adecuadamente entrenados, puedes tener bastante trabajo por delante. Necesitas conocer su temperamento para poder planificar cómo ayudar al perro a superar experiencias pasadas y resolver sus problemas. Es muy probable que no tengas que empezar desde cero con el entrenamiento para hacer sus necesidades. Los perros adultos están despiertos más tiempo que los cachorros y, aunque pueden tardar un poco más en acostumbrarse a ti, puedes establecer un vínculo mucho más rápido con un adulto, dependiendo de su edad. Los Shiba Inu adultos pueden ser un poco más cautelosos, especialmente si no fueron socializados o fueron maltratados anteriormente, pero esa disposición amorosa probablemente surgirá bastante rápido una vez que comiencen a sentirse seguros y en casa. Es posible que tu nuevo perro no quiera acurrucarse contigo los primeros días (y puede que nunca llegue a ser aficionado a ello), lo que puede ser un poco desalentador, pero dale tiempo al perro y quizás puedas convencerlo de ser un poco más sociable. Una vez que tu perro adulto establezca un vínculo contigo, será como activar un interruptor de afecto, y entonces realmente no podás pedir un canino más amoroso, leal e inteligente.

3. **¿Eres capaz de adaptar tu hogar para que sea a prueba de perros ante de que este llegue?**

No puedes simplemente traer un perro adulto a tu hogar y dejarlo correr sin supervisión. Así como deberás preparar tu hogar para cachorros, también deberás hacer tu casa a prueba de perros para un rescatado. Necesitarás tener todo preparado antes de que el perro llegue. Muchas personas piensan que no es necesario prepararse para un perro adulto y no acondicionan adecuadamente su hogar, un gran error cuando se trata de un artista del escape tan hábil. Al igual que con un cachorro, necesitarás tener un espacio dedicado para tu nuevo perro para asegurarte de que aprenda las reglas antes de permitirle deambular por la casa. Pueden ser muy destructivos cuando se aburren, por lo que no querrás que tu perro tenga libertad sin conocer las reglas de la casa. Dicho esto, no debe mantener a un Shiba Inu adulto encerrado en una jaula la mayor parte del tiempo. Al principio, necesitarás un espacio amplio para que el perro se familiarice contigo y tu hogar mientras evalúas la personalidad y capacidades de tu nuevo perro. Es una consideración bastante importante, particularmente si tienes otros perros y gatos, ya que querrás garantizar la armonía en tu hogar.

4. ¿Tienes mascotas que se verán afectadas por la introducción de un perro alfa?

Los Shiba Inu no se intimidan ante perros o animales más grandes. Para ellos, cualquiera y todos son potenciales subordinados. Quieren estar a cargo, por lo que tu primera tarea es asegurarte de que tu cachorro aprenda que no es el jefe. Esto puede ser muy disruptivo en hogares donde ya existe un perro alfa. tus gatos pueden o no verse afectados por la introducción de un Shiba Inu. El capítulo 8 explica cómo los Shiba Inu probablemente afectarán a diferentes mascotas, pero debes pensar en esto antes de decidir introducir un Shiba Inu en tu hogar.

Las buenas organizaciones de rescate específicas para Shiba Inu son cautelosas al dar en adopción a un rescatado con problemas de personalidad y socialización (incluyendo perros de criaderos masivos y aquellos que tuvieron dueños negligentes o abusivos antes de ser rescatados). Los refugios de rescate serán menos cuidadosos al dar en adopción a un Shiba Inu porque son populares y de bajo riesgo para la mayoría de los hogares.

Es posible que no puedas obtener un historial médico completo para un Shiba Inu adulto, pero también es probable que encuentres un perro que ya ha sido esterilizado o castrado, así como con microchip. A menos que adoptes un Shiba Inu con problemas de salud (estos deberían ser revelados por la organización de rescate si están disponibles), los rescatados tienden a ser menos costosos en la primera visita al veterinario que los cachorros – durante los primeros años es probable que no pagues tanto para cuidar la salud de tu Shiba Inu. Sin embargo, pasarás mucho más tiempo entrenándolo y ejercitándolo. Los cachorros tienen un período de atención corto, lo que equivale a muchas sesiones breves de entrenamiento. Los adultos requieren más atención y tiempos más largos de entrenamiento para que se acostumbren a escucharte. Esta atención dedicada es buena no solo para enseñar las reglas del hogar, sino también para establecer un vínculo con el perro.

Los perros mayores te dan una gratificación más inmediata. No tienes que pasar por esas noches sin dormir con un nuevo cachorro o la interminable frustración que viene con los primeros entrenamientos. Los perros adultos jóvenes requieren mucho del mismo tiempo y atención que los cachorros. No requerir eso es una parte importante del atractivo de los perros mayores. Sin embargo, debes ser mucho más cauteloso ya que probablemente tardarán más en aclimatarse a tu nuevo hogar.

Finalmente, uno de los mayores beneficios de obtener un adulto (además de saltarse el entrenamiento para hacer sus necesidades) es que ya tienen su tamaño completo. No tienes que adivinar o estimar el tamaño que tendrá tu perro, lo que facilita enormemente conseguir el equipo y los suministros adecuados desde el principio.

No olvides que los criadores también pueden tener perros mayores que estén dispuestos a dar en adopción a una familia amorosa. Los contratos y garantías están destinados tanto a proteger a los cachorros como a las familias que los adoptan. Si deseas un adulto, considera llamar a los criadores para ver si tienen algún adulto disponible. Necesitarás hacerles un conjunto diferente de preguntas que si estuvieras adoptando un cachorro, pero podrán proporcionarle muchos detalles sobre el perro, su personalidad y si hay algún problema potencial.

Pasos para Rescatar un Shiba Inu

Si estás interesado en considerar la adopción en una organización o grupo de rescate, hay varias cosas a tener en cuenta. Esta sección cubre las preguntas que deberías hacer. Si estás considerando adoptar un cachorro de un grupo de rescate en lugar de un criador, haz las mismas preguntas proporcionadas en esa sección para saber qué preguntar antes de adoptarlo.

Si buscas a un criador para adoptar un adulto, también puedes usar esta sección para consultarlos.

Para tener una mejor idea de la organización de rescate y cuánto saben sobre los perros que dan en adopción, haz las siguientes preguntas.

- ¿Cuál fue la razón por la que el perro fue entregado?
- ¿El perro tenía algún problema de salud cuando llegó?
- ¿Saben cómo fue tratado el perro por la familia anterior (incluyendo qué tipo de entrenamiento ha tenido el perro, si fue maltratado o si fue socializado)?
- ¿Cuántos hogares saben que ha tenido el perro?
- ¿Qué tipo de atención veterinaria ha recibido el perro? ¿Tienen registros de antes de que el perro llegara a su cuidado?
- ¿El perro requerirá atención médica adicional basada en problemas conocidos o sospechados?
- ¿El perro está entrenado para hacer sus necesidades en el lugar adecuado?
- ¿Cómo reacciona el perro ante extraños y paseos en áreas familiares?

- ¿El perro camina bien con correa, o se requerirá un arnés especial (como un gentle lead o arnés)?
- ¿El perro tiene buenos hábitos alimenticios? ¿Tiende a ser más agresivo cuando come?
- ¿Cómo reacciona el perro ante niños y otras mascotas?
- ¿El perro tiene alguna restricción dietética conocida?
- ¿La organización aceptará de vuelta al perro si se identifican problemas con el perro después de la adopción?

Los criadores pueden ser una gran fuente para adoptar Shiba Inu mayores, particularmente si ya tienes mascotas en el hogar. Dado que el perro adulto actualmente vive con otros perros, significa que tienen cierto nivel de socialización y puede que ya sepan cómo evitar tratar de ser el jefe desde el principio. Los criadores también tienen un conocimiento más completo de la historia del Shiba Inu, lo que siempre es preferible para razas puras.

Consideraciones Para Adoptar Un Cachorro Y Elegir Un Criador

Los cachorros son una gran inversión de tiempo, y un perro tan inteligente y obstinado como el Shiba Inu hará que algunos aspectos de criar un cachorro sean mucho más difíciles. Hay algunas consideraciones que debe reflexionar seriamente antes de decidir adoptar un cachorro.

Considere lo siguiente para determinar si un cachorro Shiba Inu es adecuado para su hogar.

1. **¿Cuánto tiempo tienes disponible? ¿Estás dispuesto a renunciar a todo tu tiempo libre y organizarte en función de tu cachorro?**

Una de las mayores consideraciones es cuánto tiempo estás dispuesto a invertir. Todos los cachorros requieren mucho trabajo, comenzando desde el momento en que el cachorro entra a tu cuidado. Aunque el temperamento de la raza es en gran medida predecible, cómo entrenes y socialices a tu cachorro afectará casi todos los aspectos de la vida adulta del perro. El entrenamiento y la socialización pueden ocupar una gran parte del tiempo en los primeros días, pero son absolutamente esenciales para criar un Shiba Inu saludable.

También quieres que el cachorro sepa que su hogar es seguro y que todos tienen el mejor interés del cachorro en mente. Esto puede ser agotador porque los perros tienen mucha energía desde una edad temprana. Sin un entrenamiento y socialización adecuados, puedes tener un perro demasiado revoltoso, destructivo y que ignore tus intentos de entrenarlo.

1. **¿Estás dispuesto a ser firme y consistente con un cachorro tan adorable?**

Desde el principio, deben establecerse tú y tu familia como los que están a cargo para que tu Shiba Inu entienda la jerarquía desde el momento en que entra a tu hogar. Puede que no siempre escuche, pero no puedes permitir que piense que él está a cargo.

1. **¿Tienes el tiempo, energía y presupuesto para hacer tu hogar a prueba de cachorros?**

El trabajo para preparar tu hogar para la llegada de tu cachorro comienza mucho antes de que tu cachorro llegue. Hacer tu casa a prueba de cachorros es tan laborioso como hacerla a prueba de niños. Es esencial hacer su casa a prueba de cachorros, pero aún debes mantener un ojo constante en tu cachorro después de que el pequeño llegue. Si no tienes tiempo para hacer tu casa a prueba de cachorros, entonces deberías considerar obtener un perro adulto (probablemente también deberías considerar una raza diferente porque un Shiba Inu de cualquier edad traído al hogar va a ser una gran inversión de tiempo). El capítulo 5 proporciona detalles sobre lo que necesitas hacer para preparar su hogar.

Por el lado positivo, tendrás más tiempo para vivir con tu perro si adoptas un cachorro en vez de un adulto. Tendrás registros sobre el cachorro y los padres del cachorro, lo que facilita identificar los problemas potenciales que tu Shiba Inu puede sufrir. Esto hace considerablemente más fácil asegurar que tu cachorro se mantenga saludable y detectar problemas potenciales antes.

Algunas personas encuentran más fácil establecer un vínculo con cachorros que con perros adultos. Un cachorro joven estará nervioso en un nuevo hogar, pero la mayoría de ellos se adaptan rápidamente porque están predispuestos a disfrutar de la compañía de quienes los rodean. Tu trabajo principal será proteger a tu cachorro y asegurarte de entrenarlo con paciencia. Hablaremos más de esto en un capítulo posterior.

Encontrar un criador responsable es lo mejor que puedes hacer por su cachorro, ya que los buenos criadores trabajan solo con padres saludables, reduciendo las probabilidades de que un cachorro tenga problemas de salud graves. Siempre tómate el tiempo para investigar a los criadores. Aunque esta es una raza que requiere más mantenimiento – o al menos requieren mucha paciencia y disposición para vencer la terquedad – la mayoría de las personas que no están dispuestas a dedicar tiempo no lo harán. Aunque los criadores de Shiba Inu son en gran parte respetables, eso no significa que no habrá algunos que estén más interesados en ganar mucho dinero.

Eligiendo Un Criador

Una vez que entiendas lo suficiente sobre la raza para saber en qué te está metiendo, es hora de comenzar a hablar con los criadores. El objetivo es determinar qué criadores están dispuestos a tomarse el tiempo para responder paciente y minuciosamente todas tus preguntas. Deberían tener tanto amor por sus Shiba Inu como quieren que tú sientas por tu nuevo cachorro. Y deberían querer asegurarse de que sus cachorros vayan a buenos hogares.

Si encuentra a alguien que publica regularmente fotos e información sobre los padres y el progreso del embarazo de la madre y las visitas al veterinario, eso es una muy buena señal. Los mejores criadores no solo hablarán sobre sus perros y los planes para los padres en el futuro, sino que se mantendrán en contacto contigo después de que te lleves el cachorro a casa y responderán cualquier pregunta que surja. Este tipo de criadores probablemente tendrán listas de espera. El interés activo en saber qué sucede con los cachorros más adelante muestra que se preocupan mucho por cada perro individual. También querrás encontrar un criador que esté dispuesto a hablar sobre los problemas potenciales con los Shiba Inu. Los buenos criadores querrán asegurarse de que la familia que adopta uno de sus cachorros sea capaz de socializar y entrenar adecuadamente a un Shiba Inu. Ambas actividades son esenciales a medida que un cachorro madura.

Es probable que para cada criador que llames, la conversación dure aproximadamente una hora. Si un criador no tiene tiempo para hablar y no está dispuesto a hablar contigo más tarde, puedes tacharlo de su lista. Después de haber hablado con cada posible criador, compara las respuestas.

Las siguientes son algunas preguntas para hacer. Asegúrate de tomar notas cuidadosas mientras entrevistas a los criadores:

- Pregunta si puedes visitar el criadero en persona. La respuesta siempre debe ser sí, y si no lo es, no necesitas preguntar nada más. Agradece al criador y cuelga. Incluso si el criador está ubicado en una ciudad diferente, deberían permitirte visitar las instalaciones.

- Pregunta sobre los exámenes de salud y certificaciones requeridas que tienen para sus cachorros. Estos puntos se detallan más en la siguiente sección, así que asegúrate de verificar los exámenes y certificaciones disponibles para cada criador. Si no tienen todas los exçamenes y certificaciones, es posible que desees eliminar al criador de tu consideración.

- Asegúrate de que el criador siempre se ocupe de todos los requisitos iniciales de salud en las primeras semanas hasta los primeros meses, particularmente las vacunas. Los cachorros requieren que ciertos procedimientos se realicen antes de dejar a su madre para asegurar que estén saludables. Las vacunas y la desparasitación generalmente comienzan alrededor de las seis semanas después del nacimiento de los cachorros, luego deben continuarse cada tres semanas. Para cuando tu cachorro tenga la edad suficiente para ir a casa, debería estar bien avanzado en los procedimientos, o incluso completamente en las primeras fases de estas importantes necesidades de atención médica.

- Pregunta si se requiere que el cachorro sea esterilizado o castrado antes de alcanzar cierta edad de madurez. Típicamente, estos procedimientos se realizan en el mejor interés de los cachorros.

- Averigua si el criador es parte de una organización o grupo de Shiba Inu.

- Pregunta sobre las primeras fases de la vida de tu cachorro, como cómo planea el criador cuidar al cachorro durante esos primeros meses. Deberían poder proporcionar muchos detalles, y deberían hacerlo sin parecer irritados porque quieres saber. También te informarán cuánto entrenamiento puedes esperar que se realice antes de la llegada del cachorro a tu hogar. Es posible que el criador pueda comenzar a entrenar al cachorro para hacer sus necesidades. Pregunta qué tan rápido el cachorro ha captado el entrenamiento. Querrás poder continuar desde donde el criador lo dejó una vez que tu Shiba Inu llegue a tu hogar.

- Ve qué tipo de consejos da el criador sobre la crianza de tu cachorro Shiba Inu. Deberían estar más que felices de guiarte a hacer lo mejor para tu perro porque querrán que los cachorros vivan vidas felices y saludables. También deberías poder confiar en las recomendaciones, consejos y cuidados adicionales del criador después de que el cachorro llegue a tu hogar. Básicamente, estás obteniendo soporte al cliente, así como una gran posibilidad de tener un perro saludable.

- ¿Cuántas camadas manejan al año? ¿Cuántos conjuntos de padres tienen los criadores? Los cachorros pueden tomar mucho tiempo y atención, y la madre debería tener algún tiempo de descanso entre embarazos. Conoce las operaciones estándar del criador para averiguar si están cuidando a los padres y tratándolos como valiosos miembros de la familia y no estrictamente como una forma de ganar dinero.

- Pregunta sobre la agresión en los padres. También averigua si tienen otras razas de perros en el hogar. Aunque los cachorros son más maleables en cuanto a temperamento que los adultos, si ya han tenido alguna exposición a otras razas, puede facilitar su integración en un hogar que ya tiene perros.

Contratos Y Garantías

Los contratos y garantías de los criadores están destinados a proteger a los cachorros tanto como están destinados a protegerte a ti. Si un criador tiene un contrato que debe firmarse, asegúrate de leerlo completamente y estar dispuesto a cumplir con todos los requisitos antes de firmarlo. Los contratos tienden a ser bastante fáciles de entender y cumplir, pero debes conocer todos los puntos antes de aceptar cualquier cosa. Más allá de pagar el dinero por el cachorro, firmar el contrato dice que tú estás seriamente comprometido con cómo planeas cuidar al cachorro lo mejor posible cumpliendo con los requisitos mínimos establecidos por el criador. Un contrato también podría decir que el criador retendrá los documentos de registro originales del cachorro, aunque tú puedes obtener una copia de los documentos.

Foto cortesía de
Brooke Steinbach

Cuando una familia no cumple con el acuerdo del contrato, el criador puede quitarle el cachorro. Estos son los perros que algunos criadores tienen disponibles para adopción.

La garantía establece qué condiciones de salud promete el criador para sus cachorros. Esto típicamente incluye detalles sobre la salud del perro y recomendaciones sobre los próximos pasos del cuidado del cachorro una vez que deja las instalaciones del criador. Las garantías también pueden proporcionar horarios para asegurar que la atención médica iniciada por el criador sea continuada por el nuevo dueño del cachorro. En caso de que se encuentre un problema de salud importante, el cachorro deberá ser devuelto al criador. El contrato también explicará lo que no está garantizado. La garantía tiende a ser muy larga (a veces más larga que el contrato), y debes leerla minuciosamente antes de firmarla.

Los contratos de Shiba Inu generalmente vienen con un requisito de esterilizar o castrar al perro una vez que alcanza la madurez (típicamente seis meses). El contrato también puede contener requisitos de nombres, detalles de salud y una estipulación sobre lo que sucederá si ya no puedes cuidar al animal (el perro generalmente vuelve al criador). También podría incluir información sobre lo que sucederá si eres negligente o abusivo con tu perro.

Pruebas De Salud Y Certificaciones

"Es importante saber de dónde viene tu cachorro Shiba. Un criador debe permitirte ver el historial de los padres. Si no desean compartir eso contigo, entonces elege otro criador que lo haga. La displasia de cadera es algo a buscar, ojos, mordida, postura, la punta y curva de las orejas y más."

Jan Hill
Dark Knight Shibas

Un cachorro saludable implica padres saludables y un historial genético limpio. Un buen criador mantiene registros extensos de cada cachorro y los padres. Querrá revisar el historial completo de cada uno de los padres para entender qué rasgos es probable que tu cachorro herede. Presta atención a las habilidades de aprendizaje, temperamento, apego y cualquier rasgo de personalidad que consideras importante. Puedes solicitar que los documentos se envíen electrónicamente u obtenerlos cuando visites al criador en persona.

Podría tomar un tiempo revisar la información del criador sobre cada padre, pero siempre vale la pena el tiempo que pases estudiando y planificando. Cuanto más sepas sobre los padres, mejor preparado estarás para tu cachorro.

Cuando busques un Shiba Inu para adoptar, hay algunas preocupaciones de salud sobre las que deberías preguntar a los criadores o grupos de rescate.

Los siguientes son exámenes de salud que todos los criadores deberían asegurarse se sometan sus Shiba Inu:

- Evaluación de cadera y codo – exámenes de displasia en los cachorros
- Evaluación de rótula – exámenes a las rótulas de los cachorros
- Examen ocular por un especialista veterinario en oftalmología (deberían estar certificados por la asociación veterinaria oftalmológica correspondiente en tu país)

Los criadores que se toman el tiempo de unirse a clubes oficiales de la raza reconocidos por las organizaciones caninas nacionales demuestran que se toman en serio la salud de sus cachorros. Estas organizaciones requieren que se cumplan un conjunto estandarizado de requisitos, por lo que la membresía denota que los criadores que se unen son confiables y respetables.

Seleccionando Un Cachorro De Un Criador

"El cachorro Shiba que se acerca directamente a ti es probable que sea más del tipo 'probar los límites'. Sin embargo, la timidez no es necesariamente buena porque un Shiba tímido puede volverse mordedor si se siente acorralado. Observa la alerta y las colas altas: esos son signos de dominancia. Eso puede ser bueno si eso es lo que tú quieres, pero asegúrate de saber que cuanta más dominancia muestre un cachorro, más probable será que pruebe sus límites e insista para ver hasta dónde le permitirás llegar."

Jeffrey Kellen
JAK Kennel

La selección de tu cachorro debe hacerse en persona. Sin embargo, puedes comenzar a observar a tu cachorro después del nacimiento si el criador está dispuesto a compartirte videos y fotos. Cuando finalmente se te permita ver a los cachorros en persona, considera lo siguiente:

- Evalúa al grupo de cachorros como un todo. Si la mayoría o todos los cachorros son agresivos o temerosos, esto es una indicación de un problema con la camada o (más probablemente) el criador. Aquí hay algunas señales de alerta si son mostradas por la mayoría de los cachorros:

    - Colas metidas

    - Alejarse de las personas

    - Gimoteo cuando las personas se acercan

    - Ataque constante a tus manos o pies (más allá de saltar)

- Observa qué tan bien juega cada cachorro con los demás. Este es un gran indicador de qué tan bien tu cachorro reaccionará a cualquier mascota que ya tengas en casa.

Foto cortesía de Janice Hill Darknight Shibas

37

- Observa qué cachorros te saludan primero, y cuáles se quedan atrás para observar.

- Los cachorros no deben estar gordos o con bajo peso, lo que, hay que admitir, puede ser difícil de notar con sus gruesos pelajes. Un estómago hinchado es generalmente una señal de lombrices u otros problemas de salud.

- Los cachorros deben tener patas rectas y robustas. Las patas abiertas pueden ser una señal de que algo está mal.

- Examina las orejas del cachorro en busca de ácaros, que causarán secreción. El interior de la oreja debe ser rosa, no rojo o inflamado.

- Los ojos deben ser claros y brillantes.

- Revisa la boca del cachorro para ver encías rosadas y de aspecto saludable.

- Acaricia al cachorro para verificar su pelaje por lo siguiente:

  - Asegúrate de que el pelaje se sienta grueso y completo. Si el criador ha permitido que el pelaje se enrede o esté muy sucio, es una indicación de que probablemente no están cuidando adecuadamente a los animales.

  - Busca pulgas y ácaros pasando tu mano desde la cabeza hasta la cola, luego debajo de la cola (las pulgas son más propensas a esconderse debajo de las colas de la mayoría de los perros). Los ácaros pueden parecer caspa.

- Revisa la grupa del cachorro en busca de enrojecimiento y llagas y ve si puedes verificar la última deposición para asegurarte de que sea firme.

Elige el cachorro que exhiba los rasgos de personalidad que deseas en tu perro. Si deseas un perro extrovertido, amigable y entusiasta, el primer cachorro en saludarte puede ser el que buscas. Si deseas un perro que piense las cosas y deje que otros reciban más atención, busca un cachorro que se siente y te observe antes de acercarse.

CAPÍTULO 4
Preparando a tu familia

Preparar a tu familia y mascotas para la llegada de un Shiba Inu probablemente intensificará la emoción mientras te preparas para recibir a este amor con apariencia de zorro. Inicialmente, habrá cierta cuestión sobre quién está a cargo, y esto puede resultar muy frustrante. Necesitarás no solo recordar esto, sino también asegurarte de que todos los miembros de tu familia lo tengan presente. Esta es solo una de las primeras reglas que debes establecer antes de que llegue tu Shiba Inu.

Planificación del presupuesto para el primer año

Cuidar de un cachorro es mucho más costoso de lo que podrías pensar. Necesitarás tener un presupuesto, lo cual es una buena razón para comenzar a comprar suministros con algunos meses de anticipación. Cuando adquieras los artículos necesarios, comenzarás a ver exactamente cuánto gastarás al mes. Por supuesto, hay algunos artículos que son compras únicas, pero muchos otros deberán adquirirse regularmente, como alimentos y golosinas.

Comienza a presupuestar desde el día que decides adopter a tu cachorro. El costo incluirá la tarifa de adopción, que generalmente es más alta para un perro de raza pura que para un perro rescatado.

Los gastos veterinarios y otros costos de atención médica, como las vacunas regulares y un chequeo anual, deben incluirse en tu presupuesto.

La siguiente tabla puede ayudarte a comenzar a planificar tu presupuesto. Ten en cuenta que los precios son promedios aproximados y pueden variar significativamente según donde vivas.

Elemento	Consideraciones	Costos Estimados
Jaula	Este debe ser un espacio cómodo donde el cachorro dormirá y descansará.	Jaulas de alambre: Rango 60 € a 350 € Jaulas portátiles: Rango 35 € a 200 €
Cama	Esto se colocará en la jaula.	10 € a 55 €

Correa	Debe ser corta al principio porque necesita poder evitar que su cachorro se emocione demasiado y corra hasta el final de una línea larga.	Correa corta: 6 € a 15 € Retráctil: 8 € a 25 €
Bolsas para paseos con perros	Si pasea en parques, esto no será necesario. Para quienes no tienen acceso diario a bolsas, lo mejor es comprar paquetes para asegurarse de no quedarse sin ellas.	Los individuales cuestan menos de 1 € cada uno. Paquetes: entre 4 € y 16 €
Collar	Debe quedar cómodo, ni muy suelto ni muy apretado. Al principio puede ser difícil ajustarlo correctamente, y necesitará ajustarlo a medida que su cachorro crezca.	10 € a 30 €
Chapas	Estas probablemente serán proporcionadas por su veterinario. Averigüe qué información proporciona el veterinario en las chapas y luego compre cualquier chapa que no se incluya. Como mínimo, su Shiba Inu debe tener una chapa con su dirección en caso de que se escape.	Consulte con su veterinario antes de comprar para ver si las chapas de rabia requeridas incluyen su información de contacto.
Comida para cachorros	Esto dependerá de si prepara la comida de su Shiba Inu, si la compra o ambas. Cuanto más grande sea la bolsa, mayor será el costo, pero necesitará comprar comida con menos frecuencia. Deberá comprar comida específica para cachorros al principio, pero dejará de hacerlo después del segundo año. La comida para perros adultos es más cara, así que planifique un aumento en el costo cuando su cachorro llegue a la adultez.	9 € a 90 € por bolsa
Cuencos de agua y comida	Deben mantenerse en el área designada del cachorro. Si tiene otros perros, necesitará cuencos separados para el cachorro. Si su cachorro demuestra ser un ávido masticador, considere obtener un cuenco de acero inoxidable.	10 € a 40 €
Cepillo de dientes/Pasta dental	Necesitará cepillarle los dientes regularmente, así que planee comprar más de un cepillo de dientes durante el primer año.	2,50 € a 14 €

Cepillo	Los pelajes de los Shiba Inu son bastante fáciles de mantener, pero aun así debería cepillarlos regularmente. Cuando son cachorros, cepillarlos es una excelente manera de fortalecer el vínculo.	3,50 € a 20 €
Juguetes	Definitivamente querrá comprarle juguetes a su cachorro, y necesitará juguetes para mordedores más agresivos, incluso si su cachorro los destruye rápidamente. Es posible que desee seguir comprando juguetes para su Shiba Inu cuando sea adulto (costo de los juguetes para perros adultos no incluido).	2,00 € Los paquetes de juguetes varían entre 10,00 € y 20,00 € (es más fácil a largo plazo, ya que su cachorro morderá los juguetes rápidamente)
Premios de adiestramiento	Los necesitará desde el principio y probablemente no tendrá que cambiarlos según la edad de su Shiba Inu; sin embargo, puede que necesite variar los premios para mantener el interés de su perro.	4,50 € a 15 €

La diferencia de tamaño entre el cachorro y un adulto no es sustancial, por lo que no necesitarás obtener dos jaulas diferentes u otros suministros. Sin embargo, deberás ajustar algunos de los artículos para mascotas, como el collar.

Instrucciones para los niños

Tú quieres que tu cachorro se sienta cómodo desde el principio, lo que significa asegurarse de que tus hijos sean cuidadosos y gentiles con el perro, ya sea que estés planeando adoptar un cachorro o un adulto. Esta es una raza que se ve absolutamente adorable, y algunos niños pueden tratarlos como un juguete o un peluche, lo que podría ser perjudicial para tu perro, especialmente si obtienes un cachorro. Necesitarás asegurarte de que tus hijos sigan todas las reglas desde el principio para garantizar que tu cachorro se sienta seguro y feliz en tu hogar.

Repasa las siguientes reglas regularmente, tanto antes de que llegue el cachorro como después de su llegada. Los adolescentes mayores probablemente estarán aptos para ayudar con el cachorro, pero los adolescentes más jóvenes y los niños no deben quedarse solos con el cachorro por unos meses. Recuerda que deberás ser muy firme para asegurarte de que el cachorro no resulte herido o asustado.

Foto cortesía de Pervie Villareal

Las siguientes son las cinco reglas de oro que tus hijos deben seguir desde la primera interacción.

1. Siempre sé amable y respetuoso.
2. No molestes al cachorro durante la hora de comer.
3. El juego de persecución es solo para exteriores.
4. No juegues a "tira y afloja" hasta que el cachorro esté entrenado.
5. El Shiba Inu siempre debe permanecer firmemente en el suelo.
6. Todos tus objetos de valor deben mantenerse fuera del alcance del cachorro.

Como tus hijos van a preguntar por qué, aquí están las explicaciones que puedes darles. Puedes simplificarlas para los niños más pequeños o iniciar un diálogo con los adolescentes.

Siempre sé amable y respetuoso

Los pequeños cachorros Shiba Inu son muy lindos y adorables, pero también son más frágiles de lo que sugiere su apariencia robusta. En ningún momento se debe jugar bruscamente con el cachorro (o con cualquier Shiba Inu adulto). Es importante ser respetuoso con tu cachorro para ayudarlo a aprender a ser también respetuoso con las personas y otros animales.

Esta regla debe aplicarse de manera consistente cada vez que tus hijos jueguen con el cachorro. Sé firme si ves que sus hijos se emocionan demasiado o se ponen bruscos. No querrás que el cachorro se emocione demasiado porque podría terminar mordiendo a alguien. Si lo hace, no es su culpa porque aún no ha aprendido a comportarse mejor; es culpa del niño. Asegúrate de que tus hijos entiendan las posibles repercusiones si se ponen demasiado bruscos.

Hora de comer

El Shiba Inu, como casi todas las razas, puede ser protector con su comida, especialmente si rescatas a un perro que anteriormente ha tenido que valerse por sí mismo. Incluso si tienes un cachorro, no querrás que se sienta inseguro acerca de su comida porque eso le enseñará a ser agresivo cuando esté comiendo, lo que obviamente no es justo para tu Shiba Inu. Ahórrate problemas a ti mismo, a tu familia y a tu Shiba Inu asegurándote de que todos sepan que la hora de com-

Foto cortesía de
Inger Lise Fløtten

er es el momento a solas de tu Shiba Inu. De manera similar, enseña a tus hijos que su propia hora de comer está fuera de los límites del cachorro. No lo alimenten desde la mesa.

Persecución

Asegúrate de que tus hijos entiendan por qué un juego de persecución está bien afuera (aunque deberás supervisarlo), pero dentro de la casa el juego está prohibido.

Correr dentro del hogar le da a tu cachorro Shiba Inu la impresión de que tu hogar no es seguro porque lo están persiguiendo. Y le enseña a tu cachorro que correr en interiores está bien, lo que puede ser muy peligroso a medida que el perro crece y se hace más grande. Una de las últimas cosas que deseas es que tu Shiba Inu atraviese tu hogar a toda velocidad derribando a las personas porque estaba bien que corriera por la casa cuando era un cachorro.

Juego de tira y afloja

El juego de tirar y aflojar siempre debe esperar hasta que los cachorros de cualquier raza estén entrenados para escucharte. Desde juguetes hasta mantas y almohadas, tu cachorro querrá jugar al tira y afloja . Pero primero, debes establecer qué es y qué no es un juego. No envíes señales contradictorias al cachorro. Si juegas demasiado pronto, alentarás a tu perro a desafiarlo. Con una raza obstinada como el Shiba Inu, no querrás darle al cachorro la idea equivocada. Es mejor esperar hasta que el perro haya sido entrenado adecuadamente antes de participar en este juego en particular.

Patas en el suelo

Esta es una regla que probablemente requerirá bastante explicación a tus hijos, ya que los Shiba Inu se parecen mucho a juguetes, especialmente los cachorros Shiba Inu. Nadie debe levantar al cachorro del suelo. Es posible que desees alzar a tu nuevo miembro de la familia o jugar con el cachorro como si fuera un bebé, pero tú y tu familia deberán resistir ese impulso. Los niños en particular tienen problemas para entenderlo, ya que verán al cachorro Shiba Inu más como un juguete que como una criatura viviente. Cuanto más pequeños sean tus hijos, más difícil será para ellos entender la diferencia. Es muy tentador tratar al Shi-

Foto cortesía de
Brooke Steinbach

ba Inu como un bebé e intentar llevarlo como tal, pero esto es increíblemente incómodo y poco saludable para el cachorro. Los niños mayores aprenderán rápidamente que el mordisco de un cachorro duele mucho más de lo que pensarían. Esos pequeños dientes son bastante afilados, y no querrás que el cachorro sea soltado al suelo. Si tus hijos aprenden a nunca levantar al cachorro, las cosas irán mucho mejor. Recuerda, esto también se aplica a ti, así que no compliques las cosas haciendo algo que constantemente les dices a tus hijos que no hagan.

Mantén los objetos de valor fuera de alcance

Los objetos de valor no son algo que desees que termine en la boca del cachorro, ya sean juguetes, joyas o zapatos. Tus hijos estarán menos que felices si sus posesiones personales son masticadas por un cachorro curioso, así que enséñales a poner juguetes, ropa y otros objetos de valor lejos del alcance del cachorro.

Preparando a tus perros actuales

Los Shiba Inu tienden a ser dominantes. Cuando son cachorros, tienes la oportunidad de comenzar a socializarlos con tus otros perros para que conozcan la jerarquía lo antes posible. No necesitas establecer la jerarquía, pero sí debes asegurarte de que todos estén cómodos y se-

Foto cortesía de
Karolina Bialkowska

guros de dónde están en la manada. Esto significa que si ya tienes caninos en tu hogar, deberán estar preparados para la nueva llegada.

Aquí están las tareas importantes para preparar a tus mascotas actuales para la nueva llegada.

- Establece un horario para las actividades que necesitarás realizar y las personas que necesitarán participar.
- Preserva los lugares favoritos y muebles de tus perros actuales, y asegúrate de que sus juguetes y artículos no estén en el espacio del cachorro.
- Organiza citas de juego en tu hogar y analiza a tus perros para ver cómo reaccionan ante una nueva presencia.

Apégate a un horario

Obviamente, el cachorro recibirá mucha atención, por lo que debes hacer un esfuerzo concertado para que tu perro actual sepa que todavía lo amas y te preocupas por él. Establece un tiempo específico en tu horario solo para tu perro o perros actuales, y asegúrate de no desviarte de ese horario después de la llegada del cachorro.

Foto cortesía de Sophie Riggs

Asegúrate de planificar tener al menos un adulto alrededor por cada otro perro que tengas. Los gatos generalmente son menos preocupantes, pero probablemente querrás tener al menos otro adulto alrededor cuando el cachorro llegue a casa. Más adelante entraremos en más detalles sobre cuáles serán los roles de los otros adultos, pero, por ahora, cuando sepas en qué fecha traerás a tu cachorro a casa, asegúrate de tener adultos adicionales para ayudar. Es posible que debas recordárselo a medida que se acerca el momento, así que configura una alerta en tu teléfono, así como la fecha, hora e información de recogida para tu cachorro.

Un beneficio de tener un horario establecido para tus otros perros antes de que llegue tu cachorro Shiba Inu es que luego será fácil mantener un horario con el cachorro. A los Shiba Inu les encanta saber qué esperar, al menos al principio. Esto puede cambiar a medida que envejecen, ya que a esta raza sí le gusta tener bastante independencia, como un gato.

Tu cachorro va a comer, dormir y pasar la mayor parte del día y la noche en su espacio asignado. Esto significa que el espacio no puede bloquear a tu canino actual de sus muebles favoritos, cama o cualquier lugar donde descanse a lo largo del día. Ninguna de las cosas de tu perro actual debe estar en esta área, y esto incluye juguetes. No querrás que tu perro sienta que el cachorro está tomando tu territorio. Asegúrate de que tus hijos entiendan que nunca deben poner las cosas de tu perro actual en el área del cachorro.

Tu perro y el cachorro deberán mantenerse separados en los primeros días (incluso si parecen amigables) hasta que tu cachorro haya terminado con las vacunas. Los cachorros son más susceptibles a las enfermedades durante estos días, así que espera hasta que el cachorro esté protegido antes de que los perros pasen tiempo juntos. Dejar al cachorro en el espacio del cachorro los mantendrá separados durante este tiempo crítico.

Ayudando a tu perro a prepararse – Citas de juego adicionales en casa

Aquí hay cosas que ayudarán mejor a preparar a tu perro para la llegada de tu cachorro.

- Piensa en la personalidad de tu perro para ayudarle de la mejor manera a prepararse para ese primer día, semana y mes. Cada perro es único, por lo que deberás considerar la personalidad de tu perro al determinar cómo irán las cosas cuando llegue el nuevo perro. Si a tu perro actual le encantan otros perros, esto probablemente se mantendrá cuando llegue el cachorro. Si tu perro tiene tendencias territoriales, deberás tener cuidado con la introducción y los primeros meses para que tu perro actual aprenda que el Shiba Inu ahora es parte de la manada. Los perros excitables necesitarán atención especial para evitar que se agiten demasiado cuando un nuevo perro llegue a casa. No querrás que estén tan emocionados que accidentalmente lastimen al pequeño Shiba Inu.

- Considera las veces que has tenido otros perros en tu hogar y cómo reaccionó tu perro actual ante estos otros visitantes peludos. Si tu canino mostró tendencias territoriales, debes tener especial cuidado con la forma en que presentas a tu nuevo cachorro. Si nunca has invitado a otro perro a tu hogar, organiza un par de citas de juego con otros perros en tu hogar antes de que llegue tu nuevo cachorro Shiba Inu. Debes saber cómo reaccionarán tus bebés peludos actuales ante nuevos perros en la casa para poder prepararte adecuadamente. Conocer a un perro en casa es muy diferente de encontrarse con uno fuera del hogar.

- Piensa en las interacciones de tu perro con otros perros durante todo el tiempo que has conocido al cachorro. ¿Ha mostrado tu perro un comportamiento protector o posesivo, ya sea contigo o con otros? La comida es una de las razones por las que los perros mostrarán algún tipo de agresión porque no quieren que nadie intente comer lo que es suyo. Algunos perros también pueden ser protectores con las personas y los juguetes.

Las mismas reglas se aplican, sin importar cuántos perros tengas. Piensa en las personalidades de todos ellos como individuos, así como en cómo interactúan juntos. Al igual que las personas, puedes encontrar que cuando están juntos, tus perros actúan de manera diferente, lo que deberás tener en cuenta al planificar tu primera introducción.

Consulta el Capítulo 8 para planificar la presentación de tus perros actuales y tu nuevo cachorro, y cómo manejar un nuevo cachorro y tus mascotas actuales.

Bien con gatos, pero no confiable con otros animales pequeños

"No se recomienda tener Shibas en hogares con conejos, jerbos, hámsters, pájaros, etc. - tienen un instinto de presa muy fuerte".

Susan Norris-Jones
SunJo Shiba Inu & Japanese Chin

Los Shiba Inu son increíblemente inteligentes, lo que significa que pueden aprender quién es miembro de la familia y quién no. Como los gatos claramente tienen un lugar en la familia (la mayoría de los Shiba Inu captarán esto rápidamente), tu principal preocupación será asegurarte de que tu Shiba Inu y los gatos se lleven bien. Todos quieren ser independientes, pero el Shiba Inu también quiere ser el jefe. Puede haber algunas disputas al principio, pero la mayoría de los Shiba Inu no están muy interesados en perseguir gatos.

Otros tipos de mascotas pueden ser un riesgo con un Shiba Inu. Este es un perro inteligente que tiene miles de años de entrenamiento en la caza de animales pequeños. Debido a su fuerte instinto de presa, mascotas como pájaros, peces, roedores y hurones pueden correr riesgo. Es posible que algunos Shiba Inu aprendan a ignorar estas mascotas con el tiempo y entrenamiento, pero siempre se debe tener cuidado y nunca dejarlos sin supervisión. Sin embargo, salir a caminar podría ser un asunto diferente. Las ardillas y otros animales pequeños que corren libremente afuera probablemente atraerán al menos la atención de tu Shiba Inu, si no excitan el deseo de perseguirlos.

CAPÍTULO 5
Preparando Tu Hogar

"Viven para salir corriendo por la puerta principal y pueden correr muy rápido. Asegúrate de estar atento cuando se abra la puerta principal."

Vicki DeBerry
DeBerry Shiba Inu

Los cachorros de Shiba Inu son muy adorables porque parecen pequeñas bolitas de pelo energéticas. Esto puede crear una falsa sensación de seguridad porque muchas personas no se dan cuenta de cuántos problemas pueden causar estos encantadores cachorros, especialmente si el nuevo hogar no está adecuadamente preparado. Como los cachorros son bastante pequeños, los dueños deben ser muy

Foto cortesía de Brooke Steinbach

Foto cortesía de Jerry Simek

cuidadosos para asegurarse de proteger todo aquello a lo que el cachorro podría acceder, como los armarios. Al ser un perro increíblemente inteligente, tu Shiba Inu será curioso e intentará acceder a armarios, cubos de basura bajos y otros objetos en tu hogar que le resultarán fáciles de manipular. Preparar tu casa para un cachorro que es lo suficientemente pequeño como para meterse en espacios estrechos —especialmente aquellos que tú crees que están cerrados— es un desafío único que enfrentan los dueños de Shiba Inu. Esto significa tomarse el tiempo para preparar tu hogar antes de la llegada del cachorro.

La semana antes de que llegue tu cachorro, deberías realizar numerosas comprobaciones para garantizar que tu hogar sea seguro para el nuevo miembro de la familia. Asegurarte de que tu nuevo Shiba Inu tenga un espacio seguro con todos los elementos esenciales (incluidos juguetes) hará que la llegada de tu nueva incorporación familiar sea un momento agradable para todos, especialmente para tu nuevo compañero canino.

Incluso si traes a casa un Shiba Inu adulto, debes prepararte para la llegada de un niño pequeño increíblemente terco que puede meterse en lugares que tú no habías considerado posibles. Los Shiba Inu tienen que aprender que tú estás al mando, lo que significa que debes ganarte su respeto antes de que te escuchen, y aun así puede que no siempre obedezcan si no están de humor. Si tu perro aún no ha aprendido a no robar comida, subirse a los muebles o cualquier otra restricción que hayas implementado en tu hogar, tendrás mucho trabajo por delante cuando se trate de adiestrar a tu nuevo amigo. Adaptar tu hogar para que sea seguro para tu perro te ayudará a mantenerlo a salvo mientras aprende a escucharte.

Creando Un Espacio Seguro Para Tu Perro O Cachorro

Tu cachorro va a necesitar un espacio dedicado que incluya una jaula (más información sobre esto en la siguiente sección), comederos y bebederos, paños absorbentes, y juguetes. Todas estas cosas deberán estar en el área donde el cachorro permanecerá cuando tu no puedas prestarle atención dedicada. El espacio del cachorro debe ser seguro y estar vallado para que el cachorro no pueda salir, y los niños pequeños y otros perros no puedan entrar. Debe ser un espacio seguro donde el cachorro pueda verte realizando tus actividades habituales y sentirse cómodo.

Foto cortesía de Aldric Manrique

Foto cortesía de Brooke Steinbach

Jaulas Y Adiestramiento Con Jaula

Adiestrar a un cachorro Shiba Inu con jaula puede ser más fácil que con la mayoría de otras razas debido a su inteligencia y necesidad de mantener las cosas limpias. Cuando son jóvenes, es más probable que te escuchen, siempre y cuando tú seas firme y constante. Esto significa asegurarte de que la jaula y la cama del cachorro ya estén instaladas antes de que llegue.

La jaula de tu Shiba Inu debe ser cómoda. Nunca trates la jaula como si fuera una prisión para tu cachorro. Tu Shiba Inu nunca debe asociar la jaula con el castigo – está destinada a ser un refugio seguro después de la sobreestimulación o cuando es hora de dormir. Asegúrate de que tu perro nunca asocie la jaula con castigos o emociones negativas. La jaula debe ser ajustable para que puedas hacerla un poco más grande cuando tu cachorro se convierta en adulto. También puedes conseguirle a tu cachorro una jaula de transporte en los primeros días para facilitar los viajes al veterinario. Esta jaula de transporte no funcionará cuando tu Shiba Inu sea adulto (puedes simplemente llevar a tu Shiba caminando a la consulta del veterinario), porquela jaula de transporte solo tiene suficiente espacio para un cachorro.

Foto cortesía de
Caitlin Rubinstein

Como se mencionó en un capítulo anterior, puedes utilizar la jaula para ayudar con el adiestramiento para hacer sus necesidades. Aunque tienden a ser fáciles de adiestrar en este aspecto, es posible que desees tener un paño absorbente en el área del cachorro tan lejos de la jaula como sea posible. Esto le dará a tu cachorro un lugar para ir durante el mal tiempo. Asegúrate de averiguar con el criador si el cachorro ya ha comenzado el adiestramiento para hacer sus necesidades. Si el cachorro ya está progresando, es posible que no requieras añadir el paño absorbente.

Compra Y PreparaSuministros Y Herramientas

Planificar la llegada de tu cachorro significa comprar muchos suministros por adelantado. La lista es más larga de lo que la mayoría de las personas creen, así que tómate tu tiempo para pensar realmente en lo que necesitarás según tu hogar y circunstancias. Si comienzas a realizar compras alrededor del momento en que identificas al criador, puedes distribuir tus gastos durante un período de tiempo más largo. Esto hará que parezca mucho menos costoso de lo que realmente es. Los siguientes son artículos recomendados que deberás haber comprado antes de traer a tu nuevo perro a casa:

- Jaula
- Cama
- Correa
- Bolsas para recoger excrementos durante los paseos
- Collar
- Plaquita de identificación
- Comida para cachorros
- Bebederos y comederos (compartir un bebedero generalmente está bien, pero tu cachorro necesita su propio comedero si tiene varios perros)
- Cepillo de dientes/Pasta de dientes
- Cepillo
- Juguetes
- Premios para el adiestramiento

Habla con tu veterinario antes de comprar cualquier medicamento, incluidos los tratamientos contra pulgas.

Prepara La Casa Para El Cachorro

"Trata a tu nuevo Shiba como a un niño pequeño. Asegúrate de que todos los cables, objetos pequeños y alimentos se mantengan fuera de su alcance para evitar que los tomen o mastiquen".

Jan Hill
Dark Knight Shibas

Prepararse para la llegada de un cachorro requiere tiempo, y todas las habitaciones y objetos más peligrosos de tu hogar serán igualmente peligrosos para tu cachorro como lo serían para un bebé. La mayor diferencia es que tu Shiba Inu va a tener movilidad mucho más rápido que un niño. Potencialmente se meterá en situaciones peligrosas casi de inmediato si no eliminas todos los peligros antes de su llegada a tu hogar. La inteligencia de tu cachorro demanda preparar tu hogar como lo harías para un niño pequeño, porque un Shiba Inu puede descubrir cómo acceder a las cosas tal como lo hacen los niños pequeños.

Ten en cuenta que los cachorros intentarán comer prácticamente cualquier cosa, incluso si no es comida. Nada está a salvo, ni siquiera tus muebles. Roerán madera y metal. Cualquier cosa a su alcance se considera un posible objetivo. Ten esto en cuenta mientras preparas tu hogar para el cachorro.

Peligros Y Soluciones En Interiores

Esta sección detalla las áreas dentro de tu hogar donde debes centrar tu atención. Ten el número de tu veterinario publicado en el refrigerador y en al menos otra habitación de la casa, por si ocurre algún problema. Si configuras esto antes de que llegue tu cachorro, estará allí si lo necesitas. Incluso si programas el número de teléfono del veterinario en tu teléfono, otro miembro de la familia o alguien que cuide de tu Shiba Inu aún podría utilizarlo si lo necesita.

Los Shiba Inu pueden meterse en casi todo lo que esté a su altura, y explorarán mucho cuando se les dé la oportunidad. Tan inteligente como es la raza, mejor sobrestimar lo que tu cachorro puede hacer y prepararte en consecuencia. Agáchate y mira cada habitación desde la perspectiva de tu Shiba Inu. Casi con toda seguridad encontrarás al menos una cosa que pasaste por alto.

Peligros	Soluciones	Estimación de Tiempo
Cocina		
Venenos	Manténgalos en gabinetes seguros a prueba de niños o en estantes altos	30 min
Cubos de basura	Use un cubo de basura con cerradura o manténgalo en un lugar seguro	10 min
Electrodomésticos	Asegúrese de que todos los cables estén fuera del alcance	15 min
Comida humana	Mantenga fuera del alcance	Constante (empiece a convertirlo en un hábito)
Suelos		
Superficies resbaladizas	Coloque alfombras o tapetes especiales diseñados para adherirse al suelo	30 min – 1 hora
Área de adiestramiento	Entrene en superficies antideslizantes	Constante
Baños		
Cepillo de baño	Tenga uno con cierre o manténgalo fuera del alcance	5 min/baño
Veneno	Guárdelo en armarios seguros a prueba de niños o en estantes altos	15 - 30 min/baño
Taza del inodoro	Mantener cerrado No use productos químicos de limpieza automática para inodoros	Constante (empiece a convertirlo en un hábito)
Armarios	Mantener cerrados con seguros para niños	15 - 30 min/ baño
Lavadero		
Ropa	Guarde la ropa limpia y sucia fuera del suelo y fuera del alcance	15 – 30 min
Venenos (lejía, cápsulas/detergente, toallitas de secadora y varios venenos)	Mantenga en armarios seguros, a prueba de niños o en estantes altos	15 min

En el Hogar

Plantas	Manténgalas fuera del suelo	45 min – 1 hora
Cubos de basura	Tenga un cubo de basura con cierre, o manténgalo en un lugar seguro	30 min
Cables eléctricos, cables de persianas	Escóndalos o asegúrese de que estén fuera de alcance; preste especial atención a las áreas de entretenimiento y computadoras	1,5 horas
Venenos	Verifique que no haya ninguno (WD40, limpiador de ventanas/pantallas, limpiador de alfombras, ambientadores); traslade todos los venenos a un lugar centralizado y cerrado	1 hora
Ventanas	Verifique que los cables estén fuera de alcance en todas las habitaciones	1 – 2 horas
Chimeneas	Guarde los suministros de limpieza y herramientas donde el cachorro no pueda acceder a ellos. Cubra la abertura de la chimenea con algo que el cachorro no pueda volcar	10 min/chimenea
Escaleras	Asegúrelas para que su cachorro no intente subir o bajar; asegúrese de probar cualquier puerta para cachorros	10 – 15 min
Mesas de centro/ Mesas auxiliares/ Mesitas de noche	Libre de objetos peligrosos (por ejemplo, tijeras, equipo de costura, bolígrafos y lápices) y de objetos de valor	30 – 45 min

Si tienes un gato, mantén la caja de arena elevada del suelo. Debe estar en algún lugar al que tu gato pueda acceder fácilmente pero tu Shiba Inu no. Como esto implica enseñar a tu gato a usar la nueva área, es algo que debes hacer con bastante antelación a la llegada del cachorro. No querrás que tu gato experimente demasiados cambios significativos a la vez. El cachorro será suficiente alteración – si tu gato asocia el cambio con el cachorro, puedes encontrarte con que el felino protesta negándose a usar la caja de arena.

Peligros Y Soluciones En Exteriores

Esta sección detalla las cosas fuera de tu hogar que necesitan tu atención antes de la llegada de tu cachorro. También coloca el número del veterinario en una de las áreas cubiertas en caso de emergencia.

Peligros	Soluciones	Estimación de Tiempo
Garaje		
Veneno	Guárdelo en armarios seguros con protección infantil o en estantes altos (por ejemplo, productos químicos para automóviles, suministros de limpieza, pintura, cuidado del césped), esto incluye fertilizantes	1 hora
Cestos de basura	Manténgalos en un lugar seguro	5 min
Herramientas (por ejemplo, de jardín, automotrices, ferretería, eléctricas)	Asegúrese de que todos los cables estén fuera de alcance: Mantenga fuera de alcance y nunca colgando de los bordes	30 min – 1 hora
Equipos (por ejemplo, deportivos, de pesca)	Mantenga fuera de alcance y nunca colgando de los bordes	Constante (hágalo un hábito)
Objetos cortantes	Mantenga fuera de alcance y nunca colgando de los bordes	30 min
Bicicletas	Guarde fuera del suelo o en un lugar donde el Shiba Inu no pueda llegar (para evitar que muerda las llantas)	20 min
Vallas		
Roturas	Repare las roturas en la cerca. Los Shiba Inu son expertos en escapar, así que asegúrese de que no puedan salir fácilmente de su jardín.	30 min - 1 hora
Huecos	Rellene cualquier hueco, incluso si es intencional, para que su Shiba Inu no escape	30 min - 1 hora
Huecos/Depresiones en la Base	Rellene cualquier área por la que se pueda pasar fácilmente por debajo	1 – 2 horas

Patio		
Venenos	No deje venenos en el jardín	1 – 2 horas
Plantas	Verifique que todas las plantas bajas no sean tóxicas para los perros; cercar cualquier planta que lo sea (como parras de uva)	45 min – 1 hora
Herramientas (por ejemplo, herramientas de mantenimiento de césped y jardinería)	Asegúrese de que estén fuera del alcance; asegúrese de que nada esté colgando sobre las mesas exteriores	30 min – 1 hora

Nunca dejes a tu Shiba Inu solo en el garaje, incluso cuando sea adulto. Es probable que tu cachorro necesite estar en el garaje cuando realices viajes en automóvil, por eso es importante prepararlo para que sea seguro para el cachorro. Siempre debes mantener un ojo sobre el perro, pero obviamente tú no puedes meterte debajo del automóvil o acceder a espacios pequeños si tu Shiba Inu escapa para explorar estos lugares.

Los Shiba Inu son artistas del escape, y se les ocurrirán muchas formas nuevas e ingeniosas de salir. No se lo pongas fácil; ocúpate de todas las roturas, huecos y daños en la valla de tu casa para que tu perro no pueda hacer ninguna abertura lo suficientemente grande como para salir de tu jardín.

Al igual que con el interior, deberás seguir tus preparativos exteriores agachándote y revisando todas las áreas desde la perspectiva de un cachorro. De nuevo, casi con toda seguridad encontrarás al menos una cosa que pasaste por alto.

CAPÍTULO 6
Planificación para la salud de tu Shiba Inu

Desde que la raza fue rescatada de una casi extinción, se ha ejercido mucha más precaución para asegurar que el Shiba Inu no padezca muchas enfermedades genéticas. Sin embargo, la forma en que tú crías a tu cachorro o adulto también afecta considerablemente su salud. Se recomienda al menos un paseo de media hora al día, pero esta es una raza que puede ejercitarse durante más de una hora si eres un entusiasta de las actividades al aire libre. Si prefieres quedarte en casa y descansar, un paseo de 30 minutos una vez al día es suficiente. Los capítulos 16 y 17 proporcionan detalles sobre problemas genéticos y preocupaciones generales de salud para cualquier edad del Shiba Inu.

Elección de tu veterinario

Comienza a buscar un veterinario para tu Shiba Inu incluso antes de elegir un criador. Deberías tener tu veterinario seleccionado antes de llevar a tu perro a casa. Ya sea que obtengas un cachorro o un adulto, deberías llevar a tu canino al veterinario dentro de las 48 horas (se recomienda encarecidamente dentro de las 24 horas) de su llegada para asegurarte de que tu perro esté sano. Si hay un veterinario cerca tuyo que se especializa o ha trabajado con varios Shiba Inu anteriormente, eso será lo mejor para tu perro. Considerando la personalidad del Shiba Inu, necesitas un veterinario que sepa cómo trabajar con un perro testarudo. Conseguir una cita con un veterinario puede llevar tiempo, especialmente con uno que se especializa en una raza particular, al igual que obtener una cita médica. Necesitas tener tu veterinario y la primera cita reservados con bastante anticipación a la llegada de tu perro.

Aquí hay algunos aspectos a considerar cuando busques un veterinario:

- ¿Cuál es el nivel de familiaridad con el Shiba Inu? El veterinario no tiene que ser un especialista, pero si puedes encontrar a alguien con experiencia con esta raza canina, este veterinario podrá ayudarte a saber qué esperar en las diferentes etapas de la vida de tu perro. Con razas tercas e independientes como el Shiba Inu, que no siempre quieren hacer lo que se les indica, la consulta puede llevar más tiempo. Si puedes encontrar un veterinario que sepa cómo persuadir a tu Shiba Inu para que obedezca, será una experiencia mucho mejor para todos.

- ¿A qué distancia de tu hogar está el veterinario? No querrás que el veterinario esté a más de 30 minutos de distancia en caso de emergencia.

Foto cortesía de
Ashley Antill

Foto cortesía de
Sandy Li

- ¿Está disponible el veterinario para emergencias fuera del horario habitual o puede recomendarte a otro veterinario en caso de emergencia?
- ¿Forma parte el veterinario de un hospital veterinario local si es necesario, o deriva a los pacientes a un hospital para mascotas local?
- ¿Es el veterinario el único o uno de varios socios? Si forma parte de una sociedad, ¿puedes quedarte con un solo veterinario para las visitas al consultorio?
- ¿Cómo se programan las citas?
- ¿Puedes recibir otros servicios allí, como peluquería y hospedaje?
- ¿Está acreditado el veterinario?
- ¿Cuáles son los precios de la visita inicial y los costos normales, como vacunas y visitas regulares?
- ¿Qué pruebas y controles se realizan durante la visita inicial?

Tómate tiempo para visitar al veterinario que estás considerando para que puedas observar cómo es el ambiente dentro del consultorio. Fíjatesi puedes hablar con el veterinario para comprobar si está dispuesto a tranquilizarte y responder a tus preguntas. El tiempo de un veterinario es valioso, pero debería tener unos minutos para ayudarte a sentirte seguro de que es la elección correcta para ayudar a cuidar de tu canino.

Alimentos peligrosos

Los perros pueden comer carne cruda sin tener que preocuparse por el tipo de problemas que una persona encontraría. Sin embargo, hay algunos alimentos humanos que podrían ser fatales para tu Shiba Inu. Deberías mantener estos alimentos alejados de todos los perros:

*Foto cortesía de
Jamie Joeyen Waldorf*

- Semillas de manzana
- Chocolate
- Café
- Huesos cocidos (pueden matar a un perro cuando se astillan en la boca o el estómago del perro)
- Mazorca de maíz (la mazorca es mortal para los perros; el maíz desgranado está bien)
- Uvas/pasas
- Nueces de macadamia
- Cebollas y cebollinos
- Melocotones, caquis y ciruelas
- Tabaco (tu Shiba Inu no sabrá que no es un alimento y puede comerlo si se deja al alcance)
- Xilitol (un sustituto del azúcar en dulces y productos horneados)
- Levadura

Además de estos alimentos potencialmente mortales, hay una larga lista de cosas que tu perro no debería comer. La revista Canine Journal tiene una extensa lista de alimentos (http://www.caninejournal.com/foods-not-to-feed-dog/) que deberían evitarse.

Foto cortesía de Rachel Deihl

Un perro sano, con alergias

El capítulo 16 profundiza más en detalles sobre las alergias del Shiba Inu, pero este es definitivamente un problema que deberías monitorear en tu Shiba Inu a medida que crece. Dado que esta es una raza que tiene una lista de alergias conocidas, debes asegurarte de estar atento a cuando tu perro muestre signos de alergias. Desde alimentos con trigo o pollo hasta pastos y detergentes, los Shiba Inu pueden ser alérgicos a casi tantas cosas como las personas. A diferencia de las personas, los perros tienden a rascarse cuando tienen alergias; en lugar de ojos llorosos y nariz que moquea, los perros suelen tener picazón en todo el cuerpo. Aunque esto suena más sintomático de erupciones, la piel de los perros tiende a ser la forma en que manifiestan la mayoría de los tipos de alergias, incluidas las alergias por inhalación. Esto puede dificultar la determinación de lo que está mal, ya que la picazón es sintomática de muchos posibles problemas. Si notas que tu cachorro o nuevo Shiba Inu se rasca con frecuencia, llévalo al veterinario para ver qué está mal, teniendo en cuenta que las alergias son un problema potencial. Afortunadamente, son fáciles de tratar, como se explica en un capítulo posterior.

CAPÍTULO 7
Llevando a tu Shiba Inu a Casa

Esa primera vez que cruzas la puerta con tu Shiba Inu es una sensación que recordarás años después. Cada perro se adapta de manera diferente, pero siempre resulta interesante observar cómo reacciona esta raza en particular a un nuevo entorno. La inteligencia natural del Shiba Inu hará que tu cachorro sea más propenso a mostrar curiosidad, aunque si has adoptado un perro adulto, cualquier exploración probablemente será cautelosa. Asegúrate de leer el Capítulo 8 sobre cómo introducir a tu perro adulto en un hogar con varias mascotas. Aunque el Shiba Inu no tiende a ser agresivo, las primeras interacciones pueden ser tensas ya que tu nuevo perro querrá ser el jefe.

Preparativos Finales y Planificación

La mayoría de las razas inteligentes requieren una presencia constante durante la primera semana y tanto tiempo como sea posible durante el primer mes. Para lograr esto, es posible que necesites tomarte tiempo libre del trabajo o negociar trabajar desde casa durante al menos las primeras 24 horas, si no las primeras 48 horas. Cuanto más tiempo

Foto cortesía de Alayne Levine

Foto cortesía de Brooke Steinbach

puedas dedicar a ayudar a tu nuevo amigo a acostumbrarse al nuevo entorno en esos primeros días, mejor será para tu nuevo miembro de la familia y más rápidamente se sentirá cómodo en su nuevo ambiente.

A continuación se presentan algunas listas útiles para ayudarte con la preparación para tu cachorro y los días posteriores a su llegada a tu hogar.

Asegúrate de Tener Alimentos y Otros Suministros a Mano

Haz una verificación rápida para asegurarte de que tienes todo lo que necesitas. Si creaste una lista basada en los suministros básicos del Capítulo 5, sácala el día antes de que llegue tu Shiba Inu y asegúrate de tener todo lo que aparece en ella. Tómate unos momentos para considerar si hay algo que falte. Esto esperamos te ahorrará tener que salir corriendo después de la llegada de tu nuevo miembro de la familia.

Diseña un Horario Tentativo para el Cachorro

Prepara un horario tentativo para ayudarte a comenzar durante el transcurso de la semana. Tus días están a punto de volverse muy ocupados, por lo que necesitas un punto de partida antes de que llegue tu cachorro. Utiliza la información de Establecer un Horario para comenzar, pero asegúrate de hacer esto antes en lugar de después. Las siguientes son las tres áreas importantes que debes establecer para el horario de tu cachorro:

- Alimentación
- Adiestramiento (incluido el entrenamiento para hacer sus necesidades)
- Juego

Cuando traes a casa un cachorro, puedes visualizar la alta energía que verás cuando tu Shiba Inu sea adulto. Sin embargo, los cachorros de cualquier raza (sin importar cuán activos serán más tarde) requieren mucho sueño. Considera que tu cachorro dormirá entre 18 y 20 horas al día. Tener un horario de sueño predecible ayudará a que tu cachorro crezca más saludable.

Al principio, tu Shiba Inu no tendrá mucha energía, por lo que no tendrás que preocuparte por asegurarte de que esté agotado al final del día. Sin embargo, su resistencia aumentará bastante rápido, por lo que al final del primer año, tu cachorro será mucho más activo. Una de las mejores cosas de esta raza es que tienden a tener niveles de energía apropiados para cada situación, por lo que no tendrás que esforzarte tanto para cansar a tu Shiba Inu como lo harías con un Beagle o un Jack Russell Terrier. Aun así, deberás asegurarte de que reciba suficiente ejercicio según su ingesta calórica, pero más allá de eso, tu Shiba Inu probablemente adoptará un nivel de energía que coincida con su estilo de vida.

En los primeros días, el horario de tu cachorro girará principalmente en torno a dormir y comer, con paseos y socialización. Las horas de vigilia incluirán adiestramiento y juego.

Realiza una Inspección Final Rápida de Seguridad para el Cachorro Antes de su Llegada

No importa cuán ocupado estés, o cuán cuidadosamente hayas seguido las listas de verificación de seguridad para cachorros del capítulo anterior, aún debes tomarte el tiempo para inspeccionar tu hogar una vez más antes de que llegue el cachorro. Reserva una hora o dos para completar esto uno o dos días antes de la llegada del cachorro.

Reunión Inicial

Ten una reunión con todos los miembros de la familia para asegurarte de que todas las reglas discutidas en el Capítulo 4 sean recordadas y comprendidas antes de que el cachorro sea una distracción. Esto incluye cómo manejar al cachorro. Determina quién será responsable del cuidado principal del cachorro, incluido quién será el adiestrador principal. Para ayudar a enseñar a los niños más pequeños sobre la responsabilidad, un padre puede emparejarse con un niño para gestionar el cuidado del cachorro. El niño será responsable de cosas como mantener el cuenco de agua lleno y alimentar al cachorro, mientras el padre supervisa las tareas.

Recogiendo a su Cachorro o Perro y el Viaje a Casa

Recoger a tu cachorro requiere bastante planificación y preparación, especialmente si vas a la casa del criador para recogerlo. Si es posible, planifica recoger a tu cachorro en un fin de semana o al comienzo de unas vacaciones para que puedas pasar tiempo sin prisas en casa con él. Esta sección describe la preparación y el viaje a casa, pero no lo que debes hacer si tienes otros perros que necesitas presentar (Capítulo 8). Si no tienes otros perros, puedes recoger a tu cachorro e ir directamente a casa. No te detengas en ningún lugar después de retirar al cachorro. Si tienes un viaje largo (más de un par de horas), incluye descansos cada pocas horas para darle a tu cachorro la oportunidad de estirarse, hacer ejercicio, beber y usar el baño. No dejes al cachorro solo en el automóvil por ningún período de tiempo. Si tienes que usar el baño, al menos un adulto debe permanecer con el cachorro durante cada parada.

Por tentador que sea acurrucarse con su cachorro e intentar hacer que el viaje a casa sea cómodo, usar una jaula para el viaje a casa es tanto más seguro como más cómodo para el cachorro.

Antes de salir de tu casa, asegúrate de tener todo lo que necesitas preparado.

- La jaula debe estar anclada en el automóvil por seguridad e incluir un cojín dentro. Si tienes un viaje largo, lleva comida y agua y planifica detenerte para dárselas al cachorro durante el viaje. No las coloques en la jaula ya que no estarán ancladas, y el agua que se mueve puede asustar a tu cachorro. Puedes cubrir el fondo con una toalla o paño en caso de accidentes.

- Llama al criador para asegurarte de que todo sigue según lo programado y confirma que el cachorro está listo.

- Pregunta, si no lo has hecho ya, si puedes obtener una manta con el olor de la madre para ayudar a que la transición del cachorro sea más cómoda.
- Asegúrate de que el otro adulto recuerde y llegue a tiempo al lugar de recogida.
- Si tienes otros perros, asegúrate de que todos los adultos involucrados sepan qué hacer, la hora y adónde ir para ese primer encuentro neutral.

Dos adultos deben estar presentes en el primer viaje. Pregunta al criador si el cachorro ha estado en un automóvil antes y, si no, es especialmente importante tener a alguien que pueda prestar atención al cachorro mientras la otra persona conduce. El cachorro estará en la jaula, pero alguien aún puede brindarle consuelo. Definitivamente será aterrador para él porque ya no tendrá a su madre, hermanos o personas conocidas alrededor, por lo que tener a alguien presente que le hable hará que sea menos difícil para el pequeño.

Este es el momento de comenzar a enseñar a tu cachorro que los viajes en automóvil son agradables. Esto significa asegurarte de que la jaula esté segura. No querrás aterrorizar al cachorro permitiendo que la jaula se deslice mientras él está sentado indefenso dentro.

Cuando llegues a casa, lleva inmediatamente al cachorro o perro afuera para que haga sus necesidades. Incluso si el cachorro o perro tuvo un accidente en el camino, este es el momento de comenzar a enseñarle a tu nuevo miembro de la familia dónde hacer sus necesidades.

La Primera Visita al Veterinario y Qué Esperar

Una visita al veterinario es necesaria dentro de los primeros uno o dos días de la llegada de tu cachorro y puede ser requerida en el contrato que firmaste con el criador. Necesitas establecer una línea base para la salud del cachorro para que el veterinario pueda seguir el progreso de tu cachorro y monitorear para asegurarte de que todo va bien a medida que tu Shiba Inu crece. La evaluación inicial te brinda más información sobre tu cachorro, así como la oportunidad de hacer preguntas al veterinario y recibir consejos. También crea una relación importante entre tu Shiba Inu y el veterinario.

Esa primera visita al veterinario será interesante y muy diferente de las visitas posteriores. Tu cachorro no sabrá qué esperar ya que no ha estado con ese veterinario en particular antes. Intenta, lo mejor que puedas, aliviar su ansiedad. Querrás que esta primera visita establezca un tono positivo para todas las visitas futuras.

Hay varias cosas que deberás hacer antes del día de la cita:

- Averigua con cuánta anticipación debes llegar para completar el papeleo del nuevo paciente.
- Averigua si debes llevar una muestra de heces para esa primera visita también. Si es así, recógela la mañana de la visita y asegúrate de llevarla contigo.
- Lleva la documentación proporcionada por el criador o la organización de rescate para que el veterinario la agregue a los registros de tu cachorro o perro.

A su llegada al veterinario, es posible que tu cachorro quiera conocer a otros cachorros y personas en el consultorio, algo que puede fomentarse siempre que tengas en cuenta algunas reglas básicas. Después de todo, esta es una oportunidad para trabajar en la socialización del cachorro y crear una experiencia inicial positiva para asociar con el veterinario, aunque deberás tener cuidado. Siempre pregunta personal dueño del otro perro si está bien que tu cachorro se acerque, y espera la aprobación antes de permitirle que avance. Es muy probable que las mascotas en el consultorio del veterinario no se sientan bien, lo que significa que pueden no ser muy amables. No querrás que un perro mayor malhumorado o un animal enfermo muerda o asuste a tu cachorro. Las experiencias sociales negativas son algo que tu cachorro recordará, y harán que ir al veterinario sea algo que temer o resistir. Tampoco querrás que tu cachorro esté expuesto a posibles enfermedades mientras aún recibe sus vacunas.

Durante la primera visita, el veterinario realizará una evaluación inicial de tu Shiba Inu. Una de las cosas más importantes que hará el veterinario es medir el peso de tu cachorro. Esto es algo que vas a tener que monitorear durante toda la vida de tu Shiba Inu porque la raza es propensa a la obesidad. Registra el peso para ti mismo para que puedas ver qué tan rápido está creciendo el cachorro. Pregunta a tu veterinario cuál es un peso saludable en cada etapa, y registra eso también. El Shiba Inu crece increíblemente rápido durante el primer año, pero aún debes asegurarte de que tu perro no esté ganando más peso del que es saludable. Durante la década de 2010, hubo una tendencia de Shiba Inu gordos debido a lo "lindos" que se veían caminando con dificultad. Esto no solo es malo para la salud de tu Shiba Inu, sino que reducirá su esperanza de vida. Para asegurarte de que tu Shiba Inu se mantenga saludable, necesitas saber cuál es el peso de tu perro al llegar, luego tendrás que monitorearlo a lo largo de la vida de tu canino para asegurarte de que permanezca saludable.

El veterinario establecerá la fecha para el próximo conjunto de vacunas, que probablemente ocurrirá no mucho después de la llegada de tu cachorro. Cuando sea el momento de sus vacunas, estate preparado para uno o dos días en los que tu cachorro se sienta indispuesto.

Adiestramiento con la Jaula y Otros Entrenamientos Preliminares

"No los dejes en una jaula durante largos períodos de tiempo hasta que hayan sido adiestrados para permanecer en ella. Esto evitará que orinen en la jaula, lo que sería un mal hábito para comenzar".

Jan Hill
Dark Knight Shibas

Foto cortesía de
Caitlin Rubinstein

Como se mencionó, el adiestramiento comienza desde el momento en que tu Shiba Inu se convierte en tu responsabilidad. Considerando el hecho de que tu perro puede ser terco, querrás comenzar a acostumbrar a tu cachorro a la idea de que tú estás a cargo. Esto ayudará a contrarrestar la naturaleza obstinada del Shiba Inu. No esperes a que elimine el comportamiento, pero al menos puedes hacerle saber a tu nuevo cachorro cuál es la jerarquía.

Los cachorros menores de seis meses no deben estar en la jaula durante muchas horas seguidas. No podrán contener sus vejigas tanto tiempo, por lo que debes asegurarte de que tengan una forma de salir y usar el baño en un lugar aceptable. Si obtienes un perro adulto que no está adiestrado para hacer sus necesidades en casa, deberás seguir las mismas reglas.

Asegúrate de que la puerta esté configurada para que no se cierre sobre tu perro durante su olfateo inicial de la jaula. No querrás que tu Shiba Inu sea golpeado por la puerta mientras se cierra y lo asuste.

1. Deja que tu Shiba Inu olfatee la jaula. Háblele mientras lo hace, usando una voz positiva y feliz. Asocia la primera experiencia en la jaula con emoción y emociones positivas para que tu perro entienda que es un buen lugar. Si tienes una manta de la madre del cachorro, colócala en la jaula para ayudar a proporcionar una sensación adicional de comodidad.

2. Deja caer un par de golosinas dentro de la jaula si tu canino parece reacio a entrar. NO fuerces a tu perro a entrar en la jaula. Si tu perro no quiere entrar completamente en este extraño espacio pequeño, está perfectamente bien. Tiene que ser su decisión entrar para que no sea una experiencia negativa.

3. Alimenta a tu perro en la jaula durante una semana o dos. Esto ayudará a crear algunas emociones muy positivas con la jaula, además de ayudarle a mantener la comida alejada de otras mascotas si las tiene.

    a. Si tu perro parece cómodo con la jaula, coloca la comida en el fondo de la jaula.

    b. Si no, coloca el cuenco de comida en la parte delantera, luego muévelo cada vez más hacia atrás en la jaula.

4. Comienza a cerrar la puerta una vez que tu perro parezca estar comiendo cómodamente en la jaula. Cuando la comida se haya terminado, abre la jaula inmediatamente.

5. Deja la puerta cerrada durante períodos más largos después de que tu perro haya comido. Si tu cachorro comienza a llorar, lo has dejado en la jaula por demasiado tiempo.

6. Encierra a tu perro durante períodos más largos una vez que no muestre signos de incomodidad en la jaula cuando esté comiendo. Puedes comenzar a adiestrarlo para que entre en la jaula simplemente diciendo "jaula" o "cama", luego elogia a tu perro para hacerle saber que has hecho un gran trabajo.

Repite esto durante varias semanas hasta que tu perro se sienta cómodo en la jaula. Hacer esto varias veces al día puede ayudar a tu perro a aprender que todo está bien y que la jaula no es un castigo. Inicialmente, harás esto mientras aún estés en casa o cuando sales a buscar el correo. Tan pronto como tu cachorro pueda pasar media hora sin llorar mientras estás fuera de la habitación, puedes comenzar a dejarlo solo mientras estás fuera, manteniendo el tiempo en no más de una hora al principio.

Una vez que tu perro entienda que no debe destrozar su hogar, el adiestramiento con la jaula está completo.

El enfoque durante estas primeras semanas es comenzar el adiestramiento para hacer sus necesidades y minimizar cualquier comportamiento indeseable. El adiestramiento desde el principio es vital, pero no lleves a tu nuevo cachorro a ninguna clase todavía. La mayoría de los cachorros más pequeños aún no han recibido todas las vacunas necesarias, y los buenos adiestradores no les permitirán ingresar a clases hasta que se complete la primera ronda completa de vacunas. Los Capítulos 10 y 12 proporcionan una mirada más cercana a los diferentes tipos de adiestramiento que debes comenzar y cómo dar seguimiento después de las primeras semanas.

Sustos de la Primera Noche

Esa primera noche va a ser aterradora para tu pequeño cachorro Shiba Inu. Por comprensible que esto pueda ser, solo hay cierto consuelo que puedes darle a tu nuevo miembro de la familia. Al igual que con un bebé, cuanto más respondas a los llantos y gemidos, más estarás enseñando a un cachorro que los comportamientos negativos proporcionarán los resultados deseados. Deberás estar preparado para un acto de equilibrio que proporcione seguridad de que todo estará bien, mientras evitas que tu cachorro aprenda que con llorar obtiene tu atención.

Crea un área para dormir solo para tu cachorro cerca de donde tú duermes. El área debe tener la cama del cachorro metida de forma segura en una jaula. Esto le ofrece un lugar seguro en el cual esconderse para sentirse más cómodo en un hogar nuevo y extraño. Toda el área debe estar bloqueada para que nadie pueda entrar (y el cachorro no pueda salir) durante la noche. También debe estar cerca de donde duermen las personas para que el cachorro no se sienta abandonado. Si has podido obtener una manta o almohada que huele a la madre, asegúrate de que esté en el espacio de tu cachorro. Considera agregar un poco de ruido blanco para cubrir

Foto cortesía de Ann Nghiem

sonidos desconocidos que podrían asustar a tu nueva mascota.

Tu cachorro hará ruidos durante el transcurso de la noche. No muevas al cachorro, incluso si los gemidos te mantienen despierto. Si cedes, con el tiempo los gemidos, lloriqueos y llantos se volverán más fuertes. Durante la noche, tu cachorro no estar gimiendo porque ha estado en la jaula demasiado tiempo; estará asustado o querrá que alguien esté con él – probablemente nunca haya estado solo por la noche antes de llegar a tu hogar. Ahórrate algunos problemas más adelante enseñando al cachorro que gemir no siempre funciona para sacarlo de la jaula. Sin embargo, tampoco debes moverlo. Ser alejado de las personas solo asustará más al cachorro, reforzando la ansiedad que siente. Con el tiempo, simplemente estar cerca tuyo por la noche será suficiente para asegurar a tu cachorro que todo esta bien.

No dejes que tu cachorro entre en tu cama hasta que esté completamente adiestrado para hacer sus necesidades. Una vez que un Shiba Inu aprende que la cama es accesible, no puedes adiestrarlo para que no salte sobre ella. Y si no está adiestrado para hacer sus necesidades, necesitarás una cama nueva en un futuro muy cercano.

Los cachorros necesitarán ir al baño cada dos o tres horas, y tú tendrás que levantarte durante la noche para asegurarte de que tu cachorro entienda que siempre debe ir al baño ya sea afuera o en el paño absorbente. Si lo dejas pasar por la noche, vas a tener dificultades para adiestrarlo más tarde en que no puede hacer sus necesidades en la casa.

CAPÍTULO 8
El Hogar con Múltiples Mascotas

"Presenta tu nuevo cachorro a otras mascotas teniéndolo en su jaula, y llévalo al área donde se encuentran las otras mascotas, por ejemplo, la cocina o la sala de estar. Sé paciente, no los deje sueltos juntos hasta que haya transcurrido suficiente tiempo para que todos hayan olfateado y se hayan calmado. Si lo presentas a gatos, asegúrate de darles un lugar seguro al cual puedan escapar. Si lo presentas a perros mayores, no permitas que el cachorro sea grosero. Un buen modelo a seguir le indicará al cachorro que se calme; no disciplines al perro mayor si inmoviliza al cachorro o le advierte que se aleje".

Susan Norris-Jones
SunJo Shiba Inu y Japanese Chin

El Shiba Inu no tiende a llevarse bien con otros perros alfa – realmente quiere estar a cargo. Sin embargo, si tu perro o perros son juguetones y no tienen tendencias dominantes, la introducción de un

Foto cortesía de Trisha Cutright

79

nuevo Shiba Inu en tu hogar tenderá a ser bastante fácil. Les gusta jugar bruscamente, lo que puede dificultar su introducción a perros mayores, por lo que deberás tener cuidado.

La socialización adecuada es importante para el Shiba Inu. Tener ya un perro en tu hogar puede ayudar a que tu cachorro se socialice antes, así como enseñarle cómo funcionan las cosas en tu casa. Es posible que tu nuevo Shiba Inu no elija escucharte a ti, pero al menos tu cachorro aprenderá las reglas. Si tu perro o perros actuales tienen comportamientos indeseables, es recomendable tratar de corregirlos antes de que llegue su cachorro – no querrás que tu Shiba Inu aprenda malos hábitos. Lo más probable es que él mismo se meta en sus propios problemas, pero no necesitas que obtenga ideas de otras mascotas.

Cómo Presentar Tu Nuevo Cachorro a Tus Otras Mascotas

Siempre presenta todos los perros nuevos a tu perro o perros actuales, independientemente de la edad, en un lugar neutral fuera de tu hogar. Incluso si nunca has tenido problemas con tu perro actual, estás a punto de cambiar su mundo. Selecciona un parque u otra área pública donde tu perro no se sienta territorial y planifica presentar tu perro al cachorro allí. Esto les da a los animales la oportunidad de conocerse antes de entrar juntos a su hogar.

Al presentar a tu perro y al cachorro, asegúrate de tener al menos otro adulto contigo para que haya una persona que maneje a cada canino. Si tienes más de un perro, entonces deberías tener un adulto por perro. Esto facilitará mantener a todos los perros bajo control. Incluso los perros más buenos y tranquilos pueden emocionarse demasiado al conocer a un cachorro. Una de las personas que debe estar presente es la persona que está a cargo de las mascotas en tu hogar (o personas si tienes más de una persona a cargo). Esto ayuda a establecer la jerarquía de la manada.

No sostengas a su cachorro cuando los perros se conozcan. Aunque quizás desees proteger al cachorro y hacerlo sentir cómodo sosteniéndolo, esto tiene el efecto contrario. Es probable que tu cachorro se sienta atrapado, sin forma de escapar. Estar en el suelo significa que el cachorro puede correr si siente la necesidad de hacerlo. Párate cerca del cachorro con los pies un poco separados. De esta manera, si el cachorro decide que necesita escapar, puede esconderse rápidamente detrás de tus piernas.

Observa si el pelo del lomo de tu perro se eriza. El cachorro y cada perro deben tener unos minutos para olfatearse mutuamente, asegurándote de que siempre haya algo de holgura en la correa. Esto les ayuda a sentirse más relajados ya que no sentirán que estás tratando de retenerlos. Tu perro probablemente querrá jugar o simplemente ignorará al cachorro.

- Si quieren jugar, solo ten cuidado de que el perro no lastime accidentalmente al cachorro.

- Si el perro termina ignorando al cachorro después de un olfateo inicial, eso también está bien.

Si el pelo del lomo de tu perro está erizado o si está claramente molesto, mantenlos separados hasta que tu perro parezca más cómodo con la situación. No fuerces el encuentro.

La presentación podría llevar tiempo, dependiendo de las personalidades individuales de los perros. Cuanto más amigable y receptivo sea tu perro, más fácil será incorporar a tu nuevo cachorro en el hogar. Para algunos perros, una semana es suficiente tiempo para comenzar a sentirse cómodos juntos. Para otros perros, podría tomar un par de meses antes de que acepten completamente a un nuevo cachorro. Dado que esta es una dinámica completamente nueva en tu hogar, es posible que tu perro actual no esté contento con que traigas un pequeño paquete de energía a su vida diaria. Esto es suficiente para hacer que cualquiera se sienta molesto, pero especialmente un perro que se ha acostumbrado a cierto estilo de vida. Cuanto más viejo sea tu perro, más probable es que un cachorro sea una adición no deseada. Los perros mayores pueden ponerse gruñones con un cachorro que no entiende las reglas o no parece saber cuándo es suficiente. El objetivo es hacer que tu cachorro se sienta bienvenido y seguro, mientras le haces saber a tu perro mayor que tu amor por él es tan fuerte como siempre.

Una vez que tu nuevo miembro de la familia y el resto de la manada canina comiencen a conocerse y a sentirse cómodos entre sí, pueden dirigirse a casa. Al entrar en la casa, tendrán un poco más de familiaridad entre ellos, lo que hará que tus perros actuales se sientan más cómodos con la nueva incorporación a la familia.

Una vez que estés en casa, lleva a los perros al jardín y quita las correas. Necesitarás un adulto por perro, incluido el cachorro. Si parecen estar bien o el perro es indiferente al cachorro, puedes dejar entrar a tu perro, volver a poner la correa al cachorro y mantenerlo con la correa mientras entra.

Coloca al cachorro en el área para cachorros cuando terminen las presentaciones.

Foto cortesía de Brooke Steinbach

Cómo Presentar Un Perro Adulto a Otros Animales

Siempre debes abordar la presentación y las primeras semanas con precaución. El nuevo Shiba Inu adulto necesitará sus propias cosas al principio, y debe mantenerse en un área separada cuando tú no estés cerca hasta que sepa que no habrá peleas. Si tus perros no tienen mucho interés en ser el jefe y disfrutan jugando bruscamente, tomará menos tiempo para que tu nuevo Shiba Inu encaje en la manada.

Planifica que la presentación tome al menos una hora. Probablemente no tomará tanto tiempo, pero debes asegurarte de que todos los perros estén cómodos durante la presentación. Como los perros son todos adultos, necesitarán avanzar a su propio ritmo.

Sigue los mismos pasos para presentar a tus perros actuales con tu nuevo perro como lo harías con un cachorro.

- Comienza en territorio neutral.
- Ten un adulto humano por perro presente en la presentación (esto es aún más importante cuando se presenta un canino adulto).
- Presenta un perro a la vez – no dejes que varios perros conozcan a tu nuevo Shiba Inu al mismo tiempo. Tener varios perros acercándose todos a la vez en un entorno desconocido con personas que el Shiba Inu no conoce muy bien – probablemente puede ver cómo esto puede ser estresante para cualquier perro nuevo.

A diferencia de la presentación con un cachorro, asegúrate de llevar golosinas al encuentro de dos perros adultos. Los animales responderán bien a las golosinas, y tú tendrás una forma de distraer rápidamente a todos los perros si están demasiado tensos entre sí.

Durante la presentación, observa al Shiba Inu y a tus perros para ver si alguno de ellos eriza el pelo del lomo. Esta es una de las primeras señales realmente obvias de que un perro está incómodo. Si el pelo del lomo del Shiba Inu está erizado, retrocede un poco en las presentaciones. Haz esto llamando primero a tu perro actual. Este es también el momento en que deberías comenzar a agitar golosinas. Evita tirar de las correas para separar a los perros. No querrás añadir tensión física a la situación porque eso podría desencadenar una pelea. Las golosinas funcionarán para todos los perros presentes al principio, y tus otros perros deberían poder responder cuando llames sus nombres.

Si alguno de los perros está mostrando los dientes o gruñendo, llama a tu perro y dale la oportunidad de calmarse primero. Usa las golosinas y una

Foto cortesía de Whitney Kono

voz tranquilizadora para lograr que se relajen. Tú quieres que todos los perros se sientan cómodos durante el primer encuentro, por lo que no puedes forzar la amistad. Si parecen incómodos o cautelosos al principio, deberás dejarlos avanzar a su propio ritmo.

Perros Mayores y Tu Shiba Inu

Si tu perro actual es mayor, ten en cuenta que los cachorros son enérgicos y probablemente seguirán tratando de involucrar al perro mayor en el juego. Esto puede ser muy difícil para tu canino mayor. Asegúrate de que tu perro mayor no se esté cansando demasiado de las travesuras del cachorro porque no querrás que tu cachorro aprenda a gruñir a otros perros. Observa las señales de que tu perro mayor necesita un tiempo a solas, un tiempo a solas contigo o simplemente un descanso del cachorro.

Una vez que tu Shiba Inu esté listo para dejar el área del cachorro para siempre, aún querrás asegurarte de que tu perro mayor tenga lugares seguros para estar solo en caso de que simplemente no se sienta con ganas de estar cerca de un joven enérgico. Esto reducirá la probabilidad de que tu cachorro sea regañado repetidamente y, por lo tanto, aprenda a ser cauteloso con los perros mayores.

Incluso si adoptas un Shiba Inu adulto, tienden a disfrutar jugando bruscamente con otros perros. Esto puede ser un problema con perros mayores, así que asegúrate de que los años dorados de tu perro no se vean empañados por un nuevo canino que tiene reglas que no tienen sentido para tu perro mayor y quiere jugar de una manera que tu perro mayor no puede.

Agresión Canina y Comportamientos Territoriales

"La falta de ejercicio es la razón #1 para problemas como ladrar, masticar, rascar, agredir".

Susan Norris-Jones
SunJo Shiba Inu y Japanese Chin

Fuera del hogar, el Shiba Inu realmente no es un problema. Algunas personas han clasificado a la raza como agresiva porque pueden gruñir a perros que se vuelven demasiado entusiastas o invasivos. Esta es una raza a la que le gusta estar a cargo y es bastante independiente. Así como tú no reaccionarías bien si alguien invadiera tu espacio personal y fuera demasiado amistoso, un Shiba Inu puede gruñir cuando otro perro invade su espacio. Esto no es un verdadero acto de agresión, más bien una advertencia de que el perro está actuando de una manera que al Shiba Inu no le gusta. Una vez que el perro retrocede, tu Shiba Inu

Foto cortesía de Rachel Deihl

probablemente perderá por completo el interés. Esto es muy diferente a un perro que es agresivo, porque un perro agresivo continuará tratando de llegar al otro perro. Un Shiba Inu solo quiere tener su propio espacio personal. Una vez que se logra eso, probablemente volverá a actuar con normalidad. Es tu trabajo asegurarte de que otras personas sepan mantener a sus perros demasiado entusiastas lejos de tu perro.

No use collares de ahorque u otros reforzadores negativos con tu Shiba Inu. No solo lastiman a tu perro, sino que no funcionan bien. Un Shiba Inu no reacciona bien al refuerzo negativo porque piensa por sí mismo. Lo que le enseñas a tu Shiba Inu con este tipo de restricciones es que no sabes lo que estás haciendo y estás usando cosas para tratar de forzar a tu perro a comportarse de cierta manera. Lo que sí funciona son las golosinas y la eliminación de cualquier situación negativa. Recompensa a tu perro por el buen comportamiento, y cuanto más a menudo tu perro haga lo que tú quieres que haga, más a menudo lo recompensarás. El Capítulo 12 explica cómo adiestrar a tu Shiba Inu.

En casa, deberás tener más cuidado. Debido a que este es un perro al que le gusta estar a cargo, debes estar atento al comportamiento agresivo. A pesar de su tamaño, un Shiba Inu no es el tipo de perro que retrocede, por lo que si siente que alguien lo está desafiando o tomando uno de sus juguetes, puede reaccionar agresivamente. Mientras es joven, es más fácil comenzar a entrenarlo contra este tipo de comportamientos, pero un perro mayor necesitará un monitoreo adicional y no debe dejarse solo con otras mascotas o niños. Un Shiba Inu mayor tiene que aprender a ser parte de la manada y la forma adecuada de reaccionar ante las personas que juegan con juguetes y otros artículos. Por eso es esencial ser siempre firme y consistente.

Hay dos tipos principales de agresión que debes monitorear en tu perro.

- La agresión por dominancia es cuando tu perro quiere demostrar control sobre otro animal o persona. Este tipo de agresión se muestra a través de los siguientes comportamientos en reacción a cualquiera que se acérque a las pertenencias del Shiba Inu (como juguetes o un plato de comida):

  - Gruñir

  - Mordisquear

  - Chasquear los dientes

Este es el comportamiento que el líder de la manada hace para advertir a otros en la manada sobre tocar sus cosas. Si tu Shiba Inu reacciona así hacia ti, un miembro de la familia u otra mascota que se acerca a sus cosas, debes intervenir inmediatamente, corregirlo diciendo "No", y luego llenarlo de elogios cuando se detenga. Debes intervenir constantemente cada vez que tu Shiba Inu se comporte de esta manera.

No dejes que el Shiba Inu esté solo con otras personas, perros o animales mientras exhiba cualquiera de este tipo de comportamientos. Él empujará los límites, y si tú no estás allí para intervenir, probablemente intentará mostrar su dominio en tu ausencia. Tú quieres adiestrar a tu Shiba Inu para que no reaccione agresivamente. Una vez que estés seguro de que el comportamiento ha sido eliminado, puedes dejar a tu perro y al Shiba Inu solos por períodos cortos, permaneciendo en otra habitación o en algún lugar cercano, pero fuera de la vista. Con el tiempo, puedes comenzar a dejar a tus mascotas solas cuando vayas a buscar el correo, luego cuando hagas recados. Eventualmente, podrás dejar a tu Shiba Inu solo con otros perros sin preocuparse de que él o uno de tus otros perros se sienta obligado a mostrar dominio.

• Los machos bien socializados están más interesados en conocer y saludar a otros perros. Los machos no socializados pueden ser agresivos y dominantes. Las hembras tienden a ser más predecibles; son más distantes incluso cuando están debidamente socializadas, pero es menos probable que sean tan agresivas o dominantes cuando no están socializadas.

Tu Shiba Inu tendrá que aprender que el hogar no es solo suyo. Pertenece a las personas y a los otros perros también, y él es parte del hogar, no el jefe en tu casa.

Fuerte Instinto Natural de Caza

Durante gran parte de la historia de la raza, el Shiba Inu ha perseguido a otros animales. Después de siglos de perseguir presas, naturalmente tienen un alto instinto de caza. Deberás planificar socializar a tu cachorro Shiba Inu con el gato mucho antes de que se le permita correr libremente en el hogar. Siempre estate presente cuando interactúen para que puedas corregir el comportamiento del cachorro. Si traes un Shiba Inu adulto al hogar, supervisa la interacción. Dado que los gatos son aproximadamente del mismo tamaño que algunos Shiba Inu, no hay un gran riesgo de que el Shiba Inu intente perseguir al gato, pero puede reaccionar como lo haría con otro perro.

Si tienes otros animales pequeños, deberán mantenerse en áreas donde tu Shiba Inu no pueda ir. Los conejos, hurones y otras mascotas típicamente no son adiestrables. La mayoría de los animales pequeños no pueden aprender a no huir, lo que tu cachorro probablemente tomará como una invitación para jugar. Si los animales más pequeños están en contenedores, esto los hará menos interesantes para tu Shiba Inu. Es más importante cuando estás afuera que tienes que tener más cuidado con el instinto natural de perseguir de tu Shiba Inu . Esto significa que realmente no deberías permitir que tu Shiba Inu esté sin correa en una zona sin cercado. Incluso si tiene cercado, deberás vigilar de cerca a tu perro. Si un animal pequeño llama la atención de tu Shiba Inu, su atención se centrará en atraparlo , y las cercas no son tanto un elemento disuasorio como podrías pensar. Esta es una raza que puede resolver problemas, por lo que escapar de un área cercada no es un gran desafío.

Prácticas a la Hora de Comer

Tu cachorro Shiba Inu será alimentado en el espacio para cachorros, por lo que la hora de la comida no será un problema al principio. Cuando comiences a alimentar al cachorro con los otros perros, puedes usar las siguientes instrucciones para reducir la posibilidad de comportamiento territorial con la comida.

1. Alimenta a tu Shiba Inu al mismo tiempo que a los otros perros, pero en una habitación diferente. Mantenerlos separados permitirá que tu Shiba Inu coma sin distracciones o sin sentir que tus otros perros comerán lo que está en su plato. Aseguatse de alimentar a tu Shiba Inu en la misma habitación cada vez, mientras que los otros perros comen en su habitación o habitaciones establecidas.

2. Mantén a tu Shiba Inu y otros perros en sus áreas hasta que terminen de comer su comida. Algunos perros tienen tendencia a dejar comida en el plato. No lo permitas. Necesitan terminar todo en el plato porque todos los platos de comida se retirarán tan pronto como los perros terminen de comer, para eliminar la necesidad que pueden tener de querer proteger esos platos.

3. Asegúrate de tener a alguien cerca de tu Shiba Inu para que aprenda a no gruñir a las personas cerca del plato. Esto ayudará a reducir el estrés cuando otros perros estén cerca de la comida. Si tu perro demuestra alguna agresión, corrígelo inmediatamente diciendo "No", luego elógielo cuando se detenga. No intentes jugar con el plato de comida y asegúrate de que ninguno de los niños juegue con él. Tu perro necesita saber que nadie va a intentar robar su comida.

4. Acerca a los perros de a poco durante un par de semanas. Por ejemplo, puedes alimentar a tu perro actual en un lado de la puerta cerca de la entrada y al Shiba Inu en el lado opuesto cerca de la entrada.

5. Después de uno o dos meses, puedes alimentarlos en la misma habitación, pero con cierta distancia entre ellos. Si el Shiba Inu comienza a exhibir un comportamiento protector con los otros perros, corrígelo, luego elógialo cuando detenga el comportamiento.

Eventualmente, puedes comenzar a alimentar a los perros juntos. Puede tomar semanas o meses, dependiendo de la edad del Shiba Inu cuando llegue a tu hogar. Un cachorro requerirá menos tiempo porque se socializará con los perros desde una edad temprana, lo que lo hará menos cauteloso. Eso no significa que no mostrará comportamiento territorial, pero probablemente no tardará mucho en comenzar a sentirse cómodo comiendo cerca del resto de la manada.

Para los adultos, podría llevar más tiempo, y no debes apresurarlo. Deja que tu perro aprenda a sentirse cómodo comiendo antes de hacer cambios, incluso pequeños. Los perros de cualquier raza pueden ser protectores con su comida, dependiendo de lo que hayan vivido; esto se exacerba en razas protectoras como el Shiba Inu. Tu Shiba Inu necesita sentirse seguro de que este comportamiento protector no es necesario alrededor de otros perros antes de que coma sin incidentes. Eso significa dejar que su confianza y comodidad se desarrollen a su propio ritmo.

Un Poco de Limpieza Extra

El Shiba Inu es una de las razas de caninos más limpias, y se acicalará a sí mismo con tanta frecuencia como un gato. Algunos Shiba Inu llevarán esto un paso más allá y comenzarán a limpiar a otros perros, y a veces gatos. No es algo que sea un problema, especialmente si a tus otros perros les gusta la atención. Al final del día, podría ser una buena manera de que se vinculen. También puede ayudar a mantener a algunos de tus otros perros un poco más limpios. Por supuesto, esto no reemplazará el baño y el cepillado, pero es agradable ver a un perro interesado en ayudar a mantener las cosas un poco más limpias.

CAPÍTULO 9
Las Primeras Semanas

"No te ofendas si no quieren ser abrazados. A la mayoría de los Shibas no les gusta ser sujetados."

Vicki DeBerry
DeBerry Shiba Inu

Es probable que tu cachorro Shiba Inu pase la mayor parte de su primera semana en tu nuevo hogar alternando entre la excitación y el nerviosismo (aunque la mayor parte del tiempo estará durmiendo). Después de aprender que tu casa es su hogar, tu cachorro comenzará a mostrar más personalidad e interés en su nuevo mundo. Si bien su inteligencia probablemente hará que tu cachorro sea fácil de educar para hacer sus necesidades, también significará que es más probable que tengas un cachorro que se aburre y se mete en problemas. Una de las cosas más importantes que harás durante este tiempo es asegurarte de que tu cachorro se sienta seguro y cómodo. Necesitará mucha atención y cuidado para hacerle saber que está donde pertenece.

El vínculo que comienzas a construir en esa primera semana continuará desarrollándose durante el primer mes. Al final del mes, tu cachorro debería estar durmiendo toda la noche y podría tener una buena comprensión de dónde hacer sus necesidades. También ya tendrás una buena idea de la personalidad de tu canino, lo que facilitará mucho saber cómo consolar al cachorro durante sus infrecuentes momentos de incertidumbre.

El primer mes es cuando realmente necesitas comenzar a prestar atención a la personalidad emergente de tu cachorro. Con un Shiba Inu, probablemente este será el momento en el que comiences a notar su veta independiente. Si esto sucede, tienes que empezar a aprender junto con tu cachorro. No puede ser una lucha de poder, y definitivamente no debes comenzar a usar ningún tipo de refuerzo negativo para afirmar tu dominancia. Si tu Shiba Inu comienza a actuar de manera más independiente, necesitarás aprender a reaccionar sin convertirlo en un gran problema. En la medida de lo posible, este es el momento de comenzar a trabajar gradualmente para detener o reducir cualquier comportamiento indeseable.

La clave durante este tiempo es mantener la consistencia. Utiliza lo que aprendes sobre la personalidad de tu cachorro para fomentar el buen comportamiento.

Foto cortesía de Kristi Wiegraffe

Foto cortesía de
Pervie Villareal

Estableciendo Las Reglas Y Manteniéndolas

Tu cachorro necesita entender las reglas y saber que tú y tu familia las respetan. Un enfoque firme y consistente es lo mejor tanto para ti como para tu perro. Si no te mantienes consistente, estás encaminándote a ti mismo y a tu Shiba Inu hacia mucha discordia que hará que todos se sientan miserables. Una vez que tu canino aprenda a escucharte, entrenarlo para hacer trucos seguirá dependiendo de su estado de ánimo, pero estará más entusiasmado si aprende temprano que tú estás a cargo.

Establezca Una Política De No Saltar Y No Morder

"Mordisquear - este es un comportamiento normal de juego para un cachorro Shiba, pero debe desalentarse con los humanos, y especialmente con los niños. El mordisqueo suave es aceptable, pero no se deben sentir los dientes."

Susan Norris-Jones
SunJo Shiba Inu & Japanese Chin

Necesitarás entrenar a tu nuevo miembro de la familia para que no haga ciertas cosas propias de cachorros, como mordisquear y saltar. Incluso si no son conocidos por ser agresivos y es poco probable que un Shiba Inu pueda derribarte, aún así no querrás que aprenda malos hábitos.

Mordisqueo
- Uno de los desencadenantes del mordisqueo es la sobreestimulación, que puede ser una de las señales de que tu cachorro está demasiado cansado para seguir jugando o entrenando y deberías dejarlo ir a dormir.
- Otro desencadenante podría ser que tu canino tiene demasiada energía. Si este es el caso, lleva a tu cachorro afuera para que queme parte de su exceso de energía. Al mismo tiempo, ten cuidado de no ejercitar demasiado al cachorro.

Debes estar atento infirmary señalar inmediatamente a tu cachorro que el mordisqueo no es aceptable. Algunas personas recomiendan usar un rociador de agua y rociar al cachorro mientras dice "No" después de mordisquear. Este es uno de los pocos momentos en que el castigo

Foto cortesía de
Janice Hill
Darknight Shibas

puede ser efectivo, pero debes tener cuidado de no asociarlo con nada más que con el mordisqueo.

Siempre dile a tu cachorro "No" con firmeza cuando esté mordisqueando, incluso si es durante el tiempo de juego. También debes alejarse y decir "¡Ay!" en voz alta para que tu cachorro sepa que sus dientes te están haciendo daño. Esto ayudará a establecer la idea de que mordisquear es malo y nunca se recompensa.

Masticar

Todos los cachorros mastican para aliviar el dolor de la dentición. Masticar puede ser un problema que termina costando caro, y es bastante común en esta raza. Ya sea que esté masticando tus muebles, utensilios o ropa, querrás desalentar este comportamiento lo más rápido posible.

- Asegúrate de tener juguetes para tu Shiba Inu (ya sea adulto o cachorro) para que puedas enseñarle qué cosas son aceptables para masticar. Tener muchos juguetes disponibles, y rotarlos, ayudará a darle a tu cachorro o perro una variedad de opciones.

- Si tu cachorro está en la etapa de dentición, refrigera un par de juguetes para que estén fríos, o dale a tu cachorro zanahorias congeladas. El frío ayudará a adormecer el dolor.

- Los juguetes hechos de goma dura o nylon duro serán los mejores, particularmente los de la marca Kong con croquetas en su interior. Incluso puedes llenarlos con agua y congelarlos, lo que le dará a tu cachorro algo fresco para aliviar el dolor.

Principalmente, mantener el ojo en tu perro cuando no está en su espacio designado te ayudará a ver rápidamente cuando está masticando cosas que no debería. Cuando esto suceda, di "No" con firmeza. Si tu perro continúa masticando, devuélvelo a su espacio. Mientras esté en el espacio, asegúrate de que tenga muchos juguetes para masticar.

Si decides usar repelentes para evitar que mastique objetos, ten en cuenta que a algunos perros no les importará que un artículo sepa mal – masticarán de todos modos. No apliques estos repelentes y luego dejes a tu perro solo esperando que simplemente deje de masticar. Necesitas ver la reacción de tu perro antes de confiar en que el mal hábito está resuelto.

Saltar

Los perros típicamente saltan sobre las personas cuando las saludan por primera vez. Usa los siguientes pasos cuando tengas un visitante (y si puedes conseguir a alguien que esté dispuesto a ayudar, eso hará que el entrenamiento sea mucho más fácil).

1. Pon una correa en el perro cuando la persona llame a la puerta o toque el timbre. La llegada de alguien más invariablemente excitará a la mayoría de los perros, especialmente a los cachorros.

2. Deja entrar a la persona, pero no te acerques a ella con el cachorro hasta que se calme.

3. Sé efusivo en tus elogios cuando el cachorro mantenga las cuatro patas en el suelo. Acércate al visitante solo después de que tu Shiba Inu esté tranquilo.

4. Cuando el cachorro salte, gira tu cuerpo e ignóralo. No lo corrijas verbalmente. Ser completamente ignorado será mucho más disuasorio que cualquier palabra que puedas decir.

5. Dale a tu perro algo para sostener en su boca si no se calma. A veces los perros solo necesitan una tarea para reducir su excitación. Un peluche o una pelota son ideales para distraerlo, incluso si tu perro lo deja caer.

6. Agáchate y acaricia a tu perro. Tener a alguien a su nivel le hará sentir que está siendo incluido. También le permite olfatear tu cara, lo que es parte de un saludo adecuado. Si tu visitante está dispuesto a ayudar, este reconocimiento obvio puede ser un elemento disuasorio para saltar, ya que la persona ya está al nivel de tu perro.

Entrenamiento Basado En Recompensas Vs Entrenamiento Basado En Disciplina

Otros capítulos detallan los diversos aspectos del entrenamiento, pero es importante tener en cuenta cuánto más eficiente es entrenar con recompensas que con castigos, especialmente para una raza inteligente como el Shiba Inu. Esto será un desafío particular ya que los cachorros pueden ser exuberantes y se distraen fácilmente. Es importante recordar que tu cachorro es joven, por lo que necesitass mantener la calma y aprender cuándo necesita tomar un descanso del entrenamiento.

Varios aspectos críticos en los que necesitarás comenzar a trabajar durante el primer mes:

- Educación para hacer sus necesidades (Capítulo 10)
- Entrenamiento con jaula (Capítulo 7)
- Ladridos (Capítulo 12)

- Protección (no comenzarás esto durante el primer mes, pero necesitarás empezar a evaluarlo si quieres que tu perro sea un protector ideal) (Capítulo 12)

Averigua cuánto hizo el criador en términos de educación para hacer sus necesidades y otras áreas similares. Los mejores criadores incluso pueden enseñar a los cachorros uno o dos comandos antes de que se vayan a casa contigo. Si este es el caso, sigue usando esos mismos comandos con tu cachorro para que no se pierda el entrenamiento temprano. Esto puede ayudarte a establecer el tono de voz correcto para usar, ya que el cachorro ya sabrá lo que significan las palabras y cómo reaccionar a ellas. Una vez que entienda eso, captará más rápidamente otros usos de ese tono de voz como la forma en que le hablas cuando lo estás entrenando. Es otra gran manera de hacerle saber a tu pequeño bebé cuándo hablas en serio y cuándo quieres jugar. Este tipo de distinciones son fácilmente captadas por el Shiba Inu y estará más que feliz de complacerte.

Ansiedad Por Separación En Perros Y Cachorros

Algunos Shiba Inu sufren de ansiedad por separación, y a muchos de ellos no les gustan mucho los cambios en los horarios. Incluso aquellos que no se sienten tan molestos por quedarse solos pueden destrozar tu casa por aburrimiento. Como una raza con historia de trabajo, si le das a tu Shiba Inu algo que hacer mientras estás ausente, la sensación de separación no será tan intensa; principalmente se aburrirá. Aún así, es un problema que seguramentes encontrará, por lo que necesitas planificar con anticipación para ayudar a tu cachorro a entender que tu ausencia no significa que no regresarás.

Al principio, mantén el tiempo a solas del cachorro al mínimo. Los sonidos de personas moviéndose por la casa ayudarán a tu Shiba Inu a entender que la separación no es permanente. Después de la primera semana más o menos, el tiempo a solas puede implicar que salgas a buscar el correo, dejando al cachorro solo por unos minutos. Luego puedes ir alargando la cantidad de tiempo que estás lejos del cachorro durante unos días hasta que el cachorro esté solo durante unos 30 minutosde corrido.

Aquí hay algunas pautas básicas para cuando comiences a dejar a tu cachorro solo.

- Saca al cachorro unos 30 minutos antes de irte.

Foto cortesía de
Ann Nghiem

- Cansa al cachorro con ejercicio o tiempo de juego para que tu partida no sea tan importante.

- Coloca al cachorro en su área designada con bastante anticipación a cuando salgas para evitar que asocie el espacio con algo malo que sucede.

- No le dés a tu cachorro atención extra justo antes de irte porque eso refuerza la idea de que ledas atención antes de que suceda algo malo.

- Evita reprender a tu Shiba Inu por cualquier comportamiento que ocurra mientras estás ausente. Reprender le enseña a estar más estresado porque parecerá que tús llegas a casa enojado.

Si tu Shiba Inu muestra signos de ansiedad por separación, hay varias cosas que puedes hacer para ayudarlo a sentirse cómodo durante tu ausencia.

- Los juguetes para masticar pueden darle a tu perro algo aceptable para roer mientras estás fuera.

- Una manta o camisa que huela a ti o a otros miembros de la familia también puede proporcionar consuelo. Si has usado el artículo y no se ha ensuciado mucho, esto es ideal, solo asegúrate de que no haya estado en contacto con productos químicos durante el día que lo usaste. También debes asegurarte de que tu perro no se coma el artículo en tu ausencia. Considera darle algo que sabes que no volverás a usar, en caso de que lo haga pedazos.

- Deja el área bien iluminada, incluso si es durante el día. Si algo sucede y llegas a casa más tarde de lo que pretendías, no querrás que tu pequeño esté en la oscuridad.

- Enciende un equipo de música (la música clásica es la mejor) o televisión (programas tranquilos que no tengan ruidos fuertes, como telenovelas clásicas o documentales) para que la casa no esté completamente silenciosa y los ruidos desconocidos sean menos audibles

No le tomará mucho tiempo a tu Shiba Inu notar el tipo de comportamientos que indican que te estás yendo. Agarrar tus llaves, bolso, billetera y otras indicaciones rápidamente se convertirán en desencadenantes que pueden hacer que tu Shiba Inu se sienta ansioso porque aprenderá rápidamente lo que significan estas acciones. No te hagas un gran problema con esto. Si actúas de manera normal, con el tiempo esto ayudará a tu pequeño a entender que tu partida Bienes normal y que todo estará bien.

¿Cuánto Tiempo Es Demasiado Para Quedarse Solo En Casa?

Aunque son perros muy independientes, los Shiba Inu no se desenvuelven bien cuando se quedan solos en casa durante largos períodos de tiempo. Aproximadamente ocho horas es todo lo que pueden manejar antes de comenzar a ponerse ansiosos, aburridos o molestos. Esto puede requerir que dejes a tu cachorro este tiempo en una jaula en los primeros días, pero con el tiempo tu objetivo debería ser permitir que tu perro esté fuera de la jaula para que no se sienta como un castigo. Tu compañero no se sentirá bien estando atrapado en una jaula durante horas. Necesitas encontrar algunos buenos juegos mentales o cosas que tu cachorro pueda hacer mientras estás fuera para evitar que tu Shiba Inu sea destructivo. Es por eso que es vital asegurarte de que tu hogar esté debidamente preparado antes de la llegada de tu perro, especialmente si obtienes un Shiba Inu adulto. Una vez que tu perro esté entrenado con la jaula y comiences a intentar dejarlo solo por períodos más largos, querrás asegurarte de que cualquier impulso destructivo esté controlado tanto como sea posible.

Foto cortesía de Sandy Li

No Te Exceda, Física O Mentalmente

Un cachorro cansado es muy parecido a un niño pequeño cansado; tieness que evitar que el pequeño se agote o sobrecargue esas pequeñas patas. Debe tener cuidado de no dañar los huesos en crecimiento de tu cachorro. Tu cachorro probablemente pensará que el sueño es innecesario, sin importar cuán cansado esté. Depende de ti leer las señales que te indican cuándo detener todas las actividades y dejar a su cachorro dormir o tomar un descanso.

El entrenamiento debe realizarse en incrementos de tiempo que tu cachorro o perro pueda manejar. Ten cuidado de no llevar el entrenamiento más allá del umbral de concentración del cachorro o de no desalentar a tu perro adulto con comandos que son demasiado avanzados para él. Si continúas el entrenamiento más allá de los niveles de energía de tu cachorro, las lecciones aprendidas no serán las que quieres enseñar a tu perro. A esta edad, las sesiones de entrenamiento no necesitan ser largas, solo necesitan ser consistentes.

Los paseos serán mucho más cortos durante ese primer mes. Cuando salgas, permanece a pocas cuadras de casa. No te preocupes – al final del mes, tu cachorro tendrá mucha más resistencia para que puedas disfrutar de caminatas más largas y viajes cortos lejos de casa si es necesario. Al final del primer año, deberías poder ir a trotar un poco, dependiendo del consejo de tu veterinario. También puedes correr un poco con la correa en el patio si tu cachorro tiene mucha energía extra. Esto ayudará a tu Shiba Inu a aprender cómo comportarse con la correa mientras corre. Los cachorros tienen tendencia a querer atacar la correa porque es un impedimento para correr libremente.

El hecho de que tu cachorro no pueda dar largos paseos inicialmente no significa que no tendrá mucha energía. El ejercicio diario será esencial, con la advertencia de que debes asegurarte de que tu cachorro no esté haciendo demasiado, demasiado pronto. Mantenerse activo le ayudará no solo a estar saludable, sino a mantenerlo mentalmente estimulado. Rápidamente te darás cuenta de lo sedentario que has sido si nunca has tenido un perro antes, porque estarás en movimiento casi todo el tiempo que el cachorro esté despierto.

CAPÍTULO 10
Entrenamiento de control de esfínteres

"Los Shibas aprenden fácilmente a hacer sus necesidades, siempre y cuando los dueños sean constantes y persistentes. Mantenlos en su jaula cuando no les estés prestando atención específicamente y sácalos inmediatamente después de que despierten de una siesta y después de las comidas".

CJ Strehle
JADE Shiba Inu

Enseñar a un cachorro a hacer sus necesidades no es realmente más difícil ni requiere más tiempo que enseñar a un niño pequeño a usar el baño, y con un Shiba Inu, es incluso un poco más fácil. Es importante establecer un horario y luego no desviarse de él. Tu nuevo miembro de la familia querrá un área limpia y aprenderá rápidamente a hacerte saber cuándo necesita salir.

Utilizar una correa puede ser muy útil para asegurar que tu cachorro aprenda cuándo y dónde hacer sus necesidades, pero aún habrá desafíos mientras trabajas para establecer la jerarquía y convencer a tu cachorro de que te escuche.

Asegúrate de aplicar constantemente estas dos reglas.

1. Nunca dejes que el cachorro deambule solo por la casa – siempre debe estar en el espacio designado para el cachorro cuando tú no lo estés vigilando. A los perros no les gusta tener una cama sucia, por lo que es mucho menos probable que tu cachorro tenga accidentes en su jaula o cerca de su cama en el espacio designado. Tu Shiba Inu no estará contento con la idea de estar en una jaula sucia, por lo que eso es un elemento disuasorio para hacer sus necesidades cuando tú no estás cerca. Puede que no tome el mismo criterio en otras áreas de la casa si se le deja libre para deambular.

2. Proporciona a tu cachorro un acceso constante y fácil a los lugares donde planeas enseñarle a hacer sus necesidades. Necesitarás hacer viajes frecuentes al exterior mientras tu cachorro aprende dónde hacer sus necesidades, particularmente si no es posible un acceso constante a un lugar para usar el baño. Cuando salgas, pon una cor-

rea a tu cachorro para asegurarte de indicarle en qué parte del jardín quieres que haga sus necesidades.

Siempre comienza con un plan de entrenamiento, y luego sé incluso más estricto contigo mismo que con tu cachorro para mantener ese horario. Tú eres la clave para que el cachorro aprenda dónde es aceptable hacer sus necesidades.

Adentro o afuera – Opciones y consideraciones para el entrenamiento de control de esfínteres

Si tu criador ya ha comenzado a enseñar al cachorro a hacer sus necesidades, mantén el método que se utilizó.

Tienes las siguientes opciones de entrenamiento para tu cachorro:

- Paños absorbentes – Debes tener varias alrededor de la casa para el entrenamiento, incluso en el área del cachorro, pero tan lejos de la cama como sea posible.

- Salidas regulares al exterior – Organízalas según el horario de sueño y alimentación de tu cachorro.

- Recompensas – Puedes usar golosinas al principio, pero cambia rápidamente a elogios.

Al principio, la mejor manera de entrenar a tu perro es saliendo muchas veces, incluso por la noche, para que tu cachorro aprenda a hacer todas sus necesidades en el exterior. Durante los primeros meses,

Foto cortesía de
Gabe & Natty Hynes

es mejor usar una correa cuando saques al cachorro. Esto le ayudará a aprender a caminar con correa y evitará que se distraiga antes de hacer sus necesidades.

Una advertencia – no comiences a elogiar al cachorro hasta que haya terminado de hacer sus necesidades. Interrumpirlo a mitad del proceso puede hacer que el cachorro se detenga, aumentando las probabilidades de que vuelva a hacerlo después de regresar al interior.

Estableciendo un horario

Necesitas vigilar a tu cachorro y tener sesiones de entrenamiento constantes:

- Después de comer
- Después de despertar a a la mañana o de cada siesta
- Según un horario (después de que se haya establecido)

Observa a tu Shiba Inu en busca de señales como olfatear y dar vueltas, dos actividades muy comunes cuando un cachorro busca un lugar para hacer sus necesidades. Comienza a adaptar su horario a las necesidades únicas de tu cachorro.

Los cachorros tienen vejigas pequeñas y poco control en los primeros días. Si tienes que entrenar a tu cachorro para que haga sus necesidades dentro de casa, debe haber un único espacio designado con un paño absorbente limpio en el área del cachorro, y necesitas abastecerte de los paños adecuados para que el cachorro tenga un lugar donde ir que no sea el suelo. Luego, asegúrate de cambiar esos paños regularmente para que tu cachorro no se acostumbre a tener desechos cerca. Los paños son mejores que el periódico y pueden absorber más. Tendrás que planificar la transición para que haga sus necesidades al aire libre lo más rápido posible, pero eso no debería ser demasiado problema con un Shiba Inu.

Eligiendo una ubicación

"Planifica cómo sacar al cachorro para que haga sus necesidades - esta es una raza limpia que a menudo está totalmente entrenada a las 7 semanas, y NO hará sus necesidades dentro de casa. Pero esté preparado para sacar al cachorro cada 4 horas durante el día - llueva o haga sol".

Susan Norris-Jones
SunJo Shiba Inu & Japanese Chin

Foto cortesía de
Ann Nghiem

Un espacio designado para el baño puede ayudar a facilitar la experiencia de entrenamiento porque el Shiba Inu comenzará a asociar un área del jardín para ese único propósito, en lugar de olfatear hasta encontrar un lugar de su elección. Hacer que vaya regularmente a un solo lugar también hará que la limpieza sea mucho más simple; de esa manera, puedes continuar usando todo el jardín en lugar de tener que preocuparte por pisar desechos cada vez que tú o cualquier otra persona salga.

Cuando estás de paseo es el momento perfecto para entrenar a tu cachorro a hacer sus necesidades. Entre los paseos y el jardín, tu cachorro llegará a ver la correa como una señal de que es hora de aliviar su vejiga, lo que podría convertirse en una respuesta pavloviana. Dado que los Shiba Inu son tan inteligentes, a tu compañero no le llevará mucho tiempo entender la correlación.

Asegúrate de prestar atención a tu cachorro todo el tiempo que esté afuera. Necesitas asegurarte de que entienda que el propósito de salir es hacer sus necesidades. No envíes a tu cachorro afuera y asumas que ha hecho lo que tú querías que hiciera. Hasta que no haya más accidentes en el hogar, debes verificar que tu cachorro no pierda el enfoque mientras está afuera.

Entrenamiento con palabras clave

Todo entrenamiento debe incluir palabras clave, incluso el entrenamiento para hacer sus necesidades. Tú y todos los miembros de la familia deben saber qué palabras usar cuando entrenen a su perro sobre dónde ir al baño, y todos deben usar esas palabras de manera consistente. Si ha emparejado a un adulto con un niño, el adulto debe ser quien use la palabra clave durante el entrenamiento.

Para evitar confundir a tu cachorro, ten cuidado de no seleccionar palabras que use con frecuencia dentro del hogar. Use una frase como "A trabajar" para que tu cachorro sepa que es hora de ponerse manos a la obra, no algo que involucre la palabra baño o "pipi" – estas son palabras que probablemente dirás dentro de casa, lo que podría desencadenar que haga sus necesidades cuando tú no quieres que lo haga. "A trabajar" no es una frase que la mayoría de las personas usen en su rutina diaria, por lo que no es algo que probablemente digas cuando no quieres que tu cachorro use el baño.

Una vez que tu cachorro aprenda a usar el baño basándose en el comando, asegúrate de que termine antes de ofrecer elogios o recompensas.

Recompensa el buen comportamiento con refuerzo positivo

El refuerzo positivo es increíblemente efectivo con los Shiba Inu. Al principio, lleva algunos trozos de croquetas cuando estés enseñando a tu cachorro dónde ir, tanto dentro como fuera del hogar. Aprender que tú eres quien está a cargo ayudará a enseñar al Shiba Inu a buscar en tiseñales e instrucciones.

Parte de ser consistente con el entrenamiento significa colmar al pequeño con elogios cada vez que tu cachorro hace lo correcto. Si guías suavemente a tu cachorro al área con una correa sin ninguna otra parada, gradualmente se hará evidente que tu Shiba Inu debe ir allí para usar el baño. Una vez que salgas, anima a tu Shiba Inu a ir cuando llegues al lugar en el jardín que está destinado a ser su lugar para hacer sus necesidades. Tan pronto como haga sus necesidades, elógialo inmediatamente y con mucho entusiasmo. Acaricia a tu cachorro mientras hablas para que el pequeño sepa lo buena que fue la acción. Una vez que termines el elogio, regresa inmediatamente al interior. Este no es un momento de juego. Quieres que tu cachorro asocie ciertas salidas con el tiempo designado para hacer sus necesidades.

El elogio es mucho más efectivo para los Shiba Inu, pero también puedes darle a tu cachorro una golosina después de algunos viajes exitosos al exterior. Definitivamente no hagas de las golosinas un hábito después de cada viaje porque no quieres que tu Shiba Inu espere una cada vez que haga sus necesidades. La lección es salir, y eso puede incluir golosinas. La mayoría de los Shiba Inu estarán satisfechos con simplemente mantener su área limpia, por lo que tu pequeño no necesitará golosinas por mucho tiempo una vez que se acostumbre a salir.

La mejor manera de entrenar en el primer mes o dos es salir cada hora o dos, incluso por la noche. Necesitarás configurar una alarma para despertarte dentro de ese tiempo para sacar al cachorro. Usa la correa para mantener el enfoque en hacer sus necesidades, da el mismo elogio entusiasta, luego regresa inmediatamente al interior y ve a la cama. Es difícil, pero tu Shiba Inu lo entenderá mucho más rápido si no hay un período largo entre las pausas para hacer sus necesidades. Con el tiempo, el cachorro necesitará salir con menos frecuencia, dándote a ti más descanso.

Si tu Shiba Inu tiene un accidente, es importante abstenerse de castigar al cachorro. Los accidentes no son motivo de castigo – en realidad, reflejan más su entrenamiento y horario que lo que el cachorro ha aprendido. Dicho esto, los accidentes son prácticamente inevitables. Cuando suceda, dile a tu cachorro: "No. ¡Pipi afuera!" y limpia el desastre inmediatamente. Una vez hecho esto, lleva al cachorro afuera para hacer sus necesidades. Por supuesto, si tu cachorro no va, no recibe ningún elogio.

Limpieza

Limpia cualquier desastre en el hogar tan pronto como lo encuentres. A menos que veas a tu cachorro haciendo sus necesidades en el hogar, no tiene sentido el refuerzo negativo. Tu perro simplemente aprenderá a esconder su desastre para evitar ser castigado. Lleva al perro afuera en su lugar y fíjate si usa el baño. Si alguien está en casa, es mejor limpiar el desastre lo más rápido posible. Dedica un poco de tiempo a investigar qué tipos de limpiador deseas usar, ya sea genérico u holístico. Los Shiba Inu no suelen tener necesidad de marcar territorio, especialmente si están bien entrenados, pero es posible que desees desalentar a los perros visitantes de reclamar áreas donde tu cachorro tuvo accidentes. Los limpiadores enzimáticos son los mejores para limpiar los accidentes de los cachorros.

Presta atención a cuándo ocurren estos accidentes y determina si hay algo en común entre ellos. Quizás necesitas agregar un viaje adicional al exterior para tu cachorro o deberías hacer un cambio en su horario de paseo. O tal vez hay algo que está asustando a tu perro, causando un accidente.

CAPÍTULO 11
Socialización

El Shiba Inu es una raza digna que no muestra ningún indicio de miedo. Cuando no está correctamente socializado, puede sufrir de ansiedad y temor, lo que lo hará más agresivo hacia otros perros. Dado que son expertos en escaparse, es absolutamente necesario asegurarse de socializar a tu cachorro para que, en caso de una fuga, no corra mayores riesgos. Además, un Shiba Inu mal socializado tiene más probabilidades de escaparse, aunque esto parezca contradictorio. Como es un miembro de tu familia, deseas que tu Shiba Inu se sienta feliz alrededor de otras personas y perros, y que aprenda que la gran mayoría de ellos no representan una amenaza, incluso si no reconocen que tu Shiba Inu es el jefe.

La socialización permite que tu cachorro Shiba Inu aprenda que puede ser muy divertido jugar con las personas que invitas a tu hogar y con los perros que encuentra durante sus paseos, siempre y cuando tu Shiba Inu esté de humor para interactuar. Para asegurarte de que tu Shiba Inu se sienta cómodo, debes planificar comenzar la socialización desde una edad muy temprana.

Recuerda que tu cachorro necesitará tener todas sus vacunas antes de exponerlo a otros perros.

Foto cortesía de Whitney Kono

Foto cortesía de Diane Leighton

La Socialización Puede Facilitar la Vida a Largo Plazo

Todos los perros necesitan socialización, pero las razas inteligentes tienen mentes más analíticas, por lo que tú querrás que aprendan lo antes posible que, la mayor parte del tiempo, el mundo es seguro y que otras personas y animales generalmente no representan una amenaza. También te ayudará que tu cachorro aprenda que actuar de manera dominante y agresiva no es aceptable.

El beneficio de la socialización temprana es que puede hacer que la vida sea mucho más agradable para todos los involucrados, sin importar la situación. Un perro socializado se enfrentará al mundo desde una perspectiva mucho mejor que un perro que no está socializado.

La mayoría de los Shiba Inu que no están adecuadamente socializados querrán dominar a otros perros. No buscan pelear con los perros que encuentran, pero quieren que los otros perros sepan que ellos son los jefes. Esto hará que salir sea menos agradable y podría ser perjudicial para tu Shiba Inu si logra escaparse de tu casa.

Saludando a Nuevas Personas

Enseñar a tu Shiba Inu cómo tratar a los visitantes puede llevar un poco más de tiempo porque es posible que no esté de humor para ninguna interacción social, y la gente querrá acariciar a tu adorable perrito. Será tan importante informar a las personas cómo interactuar con tu perro como lo es entrenar a tu perro sobre cómo interactuar con los visitantes. Hazles saber a tus visitantes que dejen al perro en paz si este no muestra interés en una presentación.

Los cachorros probablemente disfrutarán conociendo a nuevas personas, así que asegúrate de invitar a gente a tu casa para ayudar a socializar a tu miembro canino de la familia. Para presentar a tu cachorro a una nueva persona, prueba uno de estos métodos:

1. Intenta que tu cachorro conozca a nuevas personas diariamente, si es posible. Esto podría ser durante paseos o mientras realizas otras actividades donde sales de casa. Si no puede conocer a nuevas personas todos los días, intenta hacerlo al menos 4 veces por semana.

2. Invita a amigos y familiares a tu casa, y permíteles pasar unos minutos dando atención al cachorro. Si tu cachorro tiene un juego o actividad favorita, informa a las personas para que puedan jugar con él. Esto conquistará al pequeño muy rápidamente y le enseñará que las nuevas personas son divertidas y seguras.

3. Una vez que tu cachorro tenga la edad suficiente para aprender trucos (después del primer mes – no intentes enseñarle trucos inmediatamente), haz que tu pequeño amigo demuestre los trucos a los visitantes. Esto será realmente importante a medida que tu cachorro crezca, porque muchas personas se ponen nerviosas alrededor de perros de cualquier tamaño. Una demostración de trucos les ayuda a ver que tu perro es tan payaso y juguetón como otros perros.

4. Evita las multitudes durante los primeros meses. Cuando tu cachorro tenga varios meses o un año de edad, asiste a algunos eventos que admitan perros para que tu cachorro aprenda a no sentirse incómodo alrededor de un gran grupo de personas.

Foto cortesía de
Trisha Cutright

Saludando a Nuevos Perros

"Los Shibas pueden ser (y a menudo son) agresivos con otros perros, incluso con un entrenamiento adecuado."

CJ Strehle
JADE Shiba Inu

El capítulo 8 habla sobrela introducción de tu nuevo Shiba Inu con tus otros perros, pero conocer a otros perros es un poco diferente. La mayoría de los perros se inclinarán y se olfatearán durante una presentación. Estate atento a los mismos signos de agresión mencionados en el Capítulo 8, como pelos erizados y dientes al descubierto. Inclinarse, cola alta y orejas erguidas generalmente significan que tu Shiba Inu está emocionado por conocer al perro. Si tu Shiba Inu está haciendo ruidos, observa los signos de agresión para asegurarte de que los sonidos sean de juego, no de inquietud.

Una cosa que a la mayoría de los Shiba Inu no les gusta es que otro perro invada su espacio sin previo aviso. Un perro que se acerca por detrás y olfatea podría desencadenar una respuesta agresiva, si tu Shiba Inu no se dio cuenta de que el perro se estaba acercando. Esto probablemente será más problemático a medida que tu perro envejezca y no oiga o vea tan bien. Mientras sea joven, puedes advertir a las personas con perros sobreexcitados que no permitan que su perro se acerque demasiado al tuyo.

Sé cuidadoso y lento con la presentación. Es posible que tu Shiba Inu no quiera ser olfateado por detrás, en cuyo caso asegúrate de bloquear a otros perros para que no vayan detrás del tuyo

La Importancia de Continuar la Socialización

La socialización nunca termina con ningún perro, especialmente con un perro tan independiente como un Shiba Inu. Asegurarse de que el cachorro tenga exposición a otras personas y otros perros será importante para evitar que se vuelva demasiado agresivo o dominante. Esto no significa forzarlo a interactuar, pero unirse a clases y organizar citas de juego le dará a tu perro una razón para estar emocionado por conocer a otros.

Sin embargo, no tienes que salir de casa si no quieres. Haz que familiares y amigos te visiten regularmente, especialmente trayendo a sus perros, para que tu Shiba Inu tenga recordatorios constantes de que su hogar es un lugar acogedor, no un sitio donde necesita ejercer su dominio. No querrás que tu cachorro sienta que el mundo exterior está bien, pero que puede ser un poquito de terror en casa.

Socializando a un Perro Adulto

A veces, un perro adulto estará demasiado arraigado en sus costumbres para cambiar, particularmente si tu perro está en sus años dorados. Sin embargo, la mayoría de los perros adultos pueden ser socializados siempre que lo conviertas en tu máxima prioridad (junto con el entre-

Foto cortesía de
Brooke Steinbach

namiento). Si no estás preparado para ser muy paciente con tu Shiba Inu adulto, entonces es mejor no adoptar un adulto. Su naturaleza obstinada requiere mucho trabajo, y tú debes estar dispuesto a ser paciente. Antes de comenzar a socializar a tu perro, debes asegurarse de que ya conozca algunos comandos básicos y que los tenga bajo control antes de realizar cualquier presentación.

Socializar a un canino adulto requiere mucho tiempo, dedicación, entrenamiento suave y un enfoque firme. Puede tener la suerte de conseguir un adulto que ya esté bien socializado. Sin embargo, eso no significa que pueda estar completamente relajado. El perro puede haber tenido una mala experiencia con una raza particular de perro que nadie conoce.

1. Tu perro debe ser experto en los siguientes comandos antes de trabajar en la socialización:

    a. Sit

    b. Down

    c. Heel

   También podría ser útil que Tu perro conozca "quieto" y "échate". Si Tu perro puede permanecer en un lugar basado en sus comandos, entonces está demostrando autocontrol, algo que será muy útil para la socialización porque puede anular un impulso agresivo activando el modo de escucha. Cuando salgas, deberás estar muy consciente de su entorno (tu Shiba Inu va a estar muy alerta, por lo que no puedes estar en tu teléfono o haciendo cualquier cosa aparte de mirar tus alrededores), y ser capaz de comandar a tu perro antes de que otro perro o persona se acerque.

2. Usa una correa corta en los paseos. A la primera señal de agresión, debes darte la vuelta y caminar en la dirección opuesta. Estar consciente de su entorno comenzará a indicarte a qué está reaccionando tu perro para que puedas comenzar a entrenarlo a no reaccionar negativamente.

3. Cambia de dirección si notas que tu Shiba Inu no está reaccionando bien a una persona o perro en particular que se acerca a ti. Evitar es una buena solución a corto plazo hasta que sepas que tu perro acepta mejor la presencia de estos otros perros o personas.

   Si no puedes tomar una dirección diferente, dile a tu perro que se siente, luego bloquea la vista de tu perro. Esto puede resultar muy desafiante ya que tu perro intentará mirar a su alrededor. Participa en el entrenamiento para ayudar a forzar a tu perro a escucharte, desviando su mente de lo que se acerca hacia él.

4. Pide a amigos con perros amigables que te visiten, luego reúnanse en un espacio cerrado. Hacer que uno o dos perros amigables interactúen con tu perro puede ayudar a tu Shiba Inu a ver que no todos los perros son peligrosos o necesitan ser puestos en su lugar. Hacer que los perros caminen juntos por el área sin mucha interacción puede ayudar a tu perro a aprender que otros perros generalmente solo están interesados en disfrutar del exterior, por lo que no hay razón para intentar intimidarlos.

5. Consigue golosinas especiales solo para los paseos. Si tu perro es muy agresivo al caminar, haz que se siente y dale una de las golosinas especiales. Los Shiba Inu se motivan por la comida, por lo que esta podría ser una manera perfecta de distraer a tu perro de lo que sea que lo haga sentir protector. Al primer gruñido o señal de agresión, activa la mentalidad de entrenamiento y aprovecha el deseo de tu perro por esas golosinas especiales. Este método es lento, pero es confiable con el tiempo porque tu perro está aprendiendo que la aparición de extraños y otros perros significa golosinas especiales, una experiencia positiva, no negativa. Sin embargo, esto no entrena al perro para interactuar con esos perros. Puede combinarlo con la cuarta sugerencia para obtener los mejores resultados.

Si tienes problemas con tu perro adulto, consulta a un especialista en comportamiento o a un entrenador especializado.

Lidiando Con la Dominación

Los perros dominantes son mucho más propensos a actuar con cierto nivel de agresión cuando alguien intenta interactuar con ellos y el perro no está interesado. También son más propensos a tratar de salirse con la suya, lo que significa probar constantemente las reglas. Es increíblemente improbable que retrocedan o se sometan cuando se enfrentan a un desafío, aumentando las probabilidades de una pelea.

Lo siguiente te ayudará a manejar mejor a un perro dominante.

- La mejor manera de lidiar con esto es permanecer firme y tranquilo. Si comienzas a gritar o a crear miedo en tu Shiba Inu, solo le estás dando más razones para estar molesto y estresado, que es exactamente lo opuesto a lo que deseas. En lugar de estas reacciones negativas, retira a tu perro de situaciones estresantes.

- No utilices ningún tipo de castigo físico para corregir a tu perro. Esto lo alienta a reaccionar físicamente, aumentando las probabilidades de que muerda o se lance contra otros.

- Siempre supervisa las interacciones de tu perro con otros, especialmente en los primeros días, para que puedas intervenir antes de que las señales de advertencia de agresión se manifiesten como acciones.

- Ser consistente es absolutamente esencial para ayudar a tu Shiba Inu a aprender las reglas. Si no quieres que tu Shiba Inu sea protector con los juguetes, no puedes permitirle que gruña cuando las

Foto cortesía de Marvin Forquer

personas se acercan a los juguetes. Si no quieres que tu Shiba Inu esté en los muebles, nunca puedes permitir que esté en los muebles. Cualquier desviación de las reglas será vista como una debilidad en ti. Establece las reglas y luego cúmplelas siempre. Esto significará asegurarte de que todos en la familia también cumplan.

- Se recomiendan las clases de obediencia. El capítulo 12 proporciona un poco más de información sobre cuándo comenzar las clases.

- Ten el equipo apropiado para tu perro. Si tu perro ha mordido a alguien en el pasado, debes tener un bozal de canasta para evitar más mordeduras cuando tengas visitantes. Si tu perro muestra algún signo de agresión, una correa de arrastre puede ser útil para asegurarte de mantener a tu Shiba Inu bajo control durante los paseos.

Llevar a un perro dominante a un parque para perros es un desafío único, y se trata tanto de monitorear a las otras personas y perros como al suyo propio. Los parques para perros pueden ser un gran lugar para que tu perro socialice, pero necesitas visitar un parque donde haya personas responsables. No querrás ir a un lugar donde las personas pasen más tiempo socializando entre sí e ignorando a sus perros. Esto aumenta las probabilidades de una pelea.

Si decides entrar en el parque para perros, deberás estar constantemente pendiente de tu perro. No solo necesitas estar atento a las señales de problemas con tu perro, sino que también debes asegurarte de que las personas no estén tratando a tu perro de una manera que no sea aceptable. Es posible que quieran acariciar y jugar con tu Shiba Inu debido a lo adorable que es tu perro. Si tu Shiba Inu no está interesado, no querrás que las personas (particularmente los niños) intenten jugar con él. Tampoco querrás que otras personas intenten "entrenar" a tu Shiba Inu porque eso no saldrá bien.

CAPÍTULO 12
Adiestramiento de tu Shiba Inu

"Es mejor adiestrar a tu cachorro Shiba para que obedezca y permanezca cerca de tuyo. La raza es conocida por escaparse y correr si se presenta la oportunidad."

Jan Hill
Dark Knight Shibas

El Shiba Inu es el tipo de raza que siempre es capaz de aprender algo nuevo y, si está de humor, puede ser tanto divertido como gratificante. Sin embargo, si no está de humor, el adiestramiento será exponencialmente difícil. Esta es una raza que tiene tanto energía como inteligencia, por lo que tienes muchas opciones sobre cómo deseas adiestrar a tu perro. Órdenes como darse la vuelta, hablar, dar la pata y hacerse el muerto serán tan fáciles para un Shiba Inu como la mayoría de las órdenes básicas, siempre y cuando tu Shiba Inu quiera aprender. Tómate un tiempo para descubrir todas las cosas divertidas que los Shiba Inu pueden hacer. Puede que les guste hacer las cosas a su manera, pero también les encanta aprender y son aprendices increíblemente hábiles.

Lo único que debess tener en cuenta es que debes ser paciente. Hay una razón por la que el Shiba Inu aparece en casi todas las listas de las razas más difíciles de adiestrar, y hay muchas más formas incorrectas de adiestrarlos que correctas, considerando lo tercos que son.

Foto cortesía de
Whitney Kono

Beneficios del Adiestramiento Adecuado

Además de facilitar la socialización y las excursiones generales, el adiestramiento podría ser una forma de salvar la vida de tu perro. Comprender las órdenes ayudará a evitar que tu perro corra hacia la calle o responda a provocaciones de otros perros (o actúe como agresor). Al ser expertos en escaparse, esto también podría ahorrarte tiempo en caso de que tu perro se aleje de ti.

Foto cortesía de Ashley Antill

El adiestramiento es una excelente manera de crear vínculos con su perro. Les proporciona tiempo dedicado juntos y te ayuda a comprender la personalidad en desarrollo del cachorro y a aprender qué tipo de recompensas funcionarán mejor para otras tareas, como la socialización.

El beneficio más agradable de tener una base sólida para el adiestramiento es poder enseñar a tu perro a hacer mucho más. Este es un perro que puede participar en muchas actividades humanas, como kayak, senderismo y jugar a la pelota; tú querrás asegurarte de que tu Shiba Inu esté adiestrado para poder disfrutar de una amplia gama de actividades.

Elegir la Recompensa Adecuada

"¡El adiestramiento puede ser un desafío! Algunos Shibas no están motivados por la comida, ni trabajarán solo por caricias. A menudo no son buenos perros de obediencia, porque les gusta hacer las cosas a SU manera."

CJ Strehle
JADE Shiba Inu

Foto cortesía de
Karolina Bialkowska

La recompensa adecuada para un Shiba Inu será, en última instancia, el amor y el afecto. Las golosinas son la forma más fácil de hacer que un cachorro entienda que realizar trucos es un buen comportamiento. Sin embargo, pronto necesitará cambiar a algo que sea un refuerzo secundario. Los elogios, tiempo de juego adicional y caricias extras son recompensas fantásticas para los Shiba Inu, dependiendo del estado de ánimo actual de tu perro. A pesar de su ocasional indiferencia, realmente aman a sus personas. Solo que no es probable que te sigan por todas partes como muchas otras razas de perros. Sentarse a ver una película y dejar que tu cachorro se siente contigo es una gran recompensa después de una intensa sesión de adiestramiento. No solo tu cachorro aprendió, sino que ahora ambos pueden relajarse juntos.

Si deseas que tu Shiba Inu asocie la retroalimentación positiva con un sonido, puedes usar un clicker. Son relativamente económicos y deberán usarse al mismo tiempo que elogias a tu cachorro o perro. No son necesarios, pero algunos adiestradores los utilizan. Depende de ti si deseas llevar una cosa más mientras adiestras y paseas a tu cachorro.

Reconocimiento del Nombre

Con el tiempo, muchos de nosotros inventamos múltiples nombres para nuestros perros. Apodos, nombres de broma y descripciones basadas en algunas de sus acciones ridículas (por eso los amamos) pueden usarse más adelante. Sin embargo, antes de poder adiestrar a un perro, debes asegurarte de que tu perro entienda su nombre real.

1. Consigue algunas golosinas y muéstrale una a tu perro.
2. Di el nombre del perro, inmediatamente di "Sí" (tu perro debe estar mirándote cuando hable), luego dale una golosina a tu perro.
3. Espera 10 segundos, luego muéstrale a tu perro una golosina y repite el paso 2.

Las sesiones no deben durar más de unos cinco minutos porque tu perro perderá la concentración o el interés. El reconocimiento del nombre es algo que puedes hacer varias veces durante el día. Después de haber hecho esto durante cinco a diez sesiones, el adiestramiento cambiará un poco.

1. Espera hasta que tu perro no te esté prestando atención.

   Llama a tu perro. Si el perro tiene una correa puesta, dale un suave tirón para llamar su atención.

   Di "Sí" y dale una golosina cuando te mire.

Foto cortesía de Sophie Riggs

Durante este tiempo, no pronuncies el nombre de tu perro mientras le haces una corrección o sin una razón real. Esto se debe a que, al principio, necesitas que el perro asocie el nombre solo con algo muy positivo, como las golosinas. Esto programará más rápidamente a tu perro para que te escuche sin importar lo que esté sucediendo a su alrededor.

Es probable que tu Shiba Inu no requiera mucho tiempo antes de reconocer su nombre.

Órdenes Esenciales

Hay cinco órdenes básicas que todos los perros deberían conocer. Estas órdenes son la base para una relación feliz y agradable con tu perro. Para cuando tu cachorro aprenda las cinco órdenes, será más obvio cuál es la correlación entre las palabras que tú dices y las acciones esperadas. Esto dará una pista al perro para entender nuevas palabras en términos de expectativa y hará que sea mucho más fácil adiestrarlo en conceptos más complejos.

Adiestra a tu cachorro para que realice las órdenes en el orden en que aparecen en este capítulo. Sentarse es una orden básica y algo que todos los perros ya hacen naturalmente. Como los perros tienden a sentarse a menudo, es la más fácil de enseñar. Enseñar "déjalo" y "suéltalo" es mucho más difícil, y generalmente requiere que el cachorro luche contra un instinto o deseo. Considera cuánto cedes tú a algo que quiere hacer cuando sabe que no debería – eso es básicamente a lo que te enfrenta, pero con un cachorro. "Silencio" puede ser otra orden difícil, ya que los perros (particularmente los cachorros) tienden a ladrar como una reacción natural a algo. Estas dos órdenes tardarán más en enseñarse, por lo que querrás tener las herramientas necesarias ya en su lugar para aumentar sus probabilidades de éxito.

Aquí hay algunas pautas básicas a seguir durante el adiestramiento.

- Incluye a todos en el hogar en el adiestramiento del Shiba Inu. El cachorro debe aprender a escuchar a todos en el hogar, y no solo a una o dos personas. Un horario de adiestramiento establecido puede involucrar solo a un par de personas al principio, especialmente si tienes niños. Siempre debe haber un adulto presente para el adiestramiento, pero incluir a un niño durante el adiestramiento ayudará a reforzar la idea de que el cachorro debe escuchar a todos en la casa. También es una buena manera para que el padre supervise la interacción del niño con el cachorro para que todos jueguen de manera segura y sigan las reglas.

● Para comenzar, selecciona un área donde tú y tu cachorro no tengan otras distracciones, incluido el ruido. Deja tu teléfono y otros dispositivos fuera de alcance para mantener tu atención en el cachorro.

● Mantente feliz y entusiasmado con el adiestramiento. Tu cachorro captará tu entusiasmo y se concentrará mejor debido a ello.

● Sé consistente y firme mientras enseñas.

● Trae una golosina especial a las primeras sesiones de adiestramiento, como trozos de pollo o pequeñas golosinas.

Sentado

Comienza a enseñar "sentado" cuando tu cachorro tenga alrededor de ocho semanas de edad. Una vez que te instales en tu tranquilo lugar de adiestramiento:

1. Sostén una golosina.

2. Mueve la golosina sobre la cabeza de tu cachorro. Esto hará que el cachorro se mueva hacia atrás.

3. Di "sentado" cuando las ancas del cachorro toquen el suelo.

Tener una segunda persona alrededor para demostrarle esto con tu cachorro será útil, ya que puede sentarse para mostrar lo que tú quieres decir.

Espera hasta que tu cachorro comience a sentarse y di "sentado" mientras él o ella se sienta. Si tu cachorro termina de sentarse, elógialo. Naturalmente, esto hará que tu cachorro esté increíblemente emocionado e inquieto, por lo que puede pasar un poco de tiempo antes de que quiera sentarse de nuevo. Cuando llegue el momento y el cachorro comience a sentarse de nuevo, repite el proceso.

Va a tomar más de un par de sesiones para que el cachorro conecte completamente sus palabras con las acciones. Las órdenes son algo completamente nuevo para tu pequeño compañero. Una vez que tu cachorro haya demostrado dominio sobre "sentado", comienza a enseñar "echado".

Echado

Repite el mismo proceso para enseñar esta orden que hizo para "sentado".

1. Dile a tu perro que se siente.

2. Sostén la golosina.

3. Baja la golosina al suelo con tu perro olfateándola. Permite que tu cachorro lama la golosina, pero si se levanta, comienza de nuevo.

4. Dile "echado" cuando los codos del cachorro toquen el suelo, luego elógialo mientras dejas que tu cachorro coma la golosina.

Espera hasta que el cachorro comience a acostarse, luego dile la palabra "echado". Si el Shiba Inu termina la acción, ofrécele la recompensa elegida.

Probablemente tomará un poco menos de tiempo enseñar esta orden.

Espera hasta que tu cachorro haya dominado "echado" antes de pasar a "quieto".

Quieto

"Quieto" es una orden vital para enseñar porque puede evitar que tu cachorro corra a través de una calle o corra hacia alguien que está nervioso o tiene miedo a los perros. Es importante que tu perro haya dominado "sentado" y "echado" antes de enseñarle "quieto". Aprender esta orden va a ser más difícil ya que no es algo que tu cachorro haga naturalmente. Estate preparado para que tome un poco más de tiempo.

1. Dile a tu cachorro que se siente o se quede quieto.

2. Mientras haces esto, coloca tu mano frente a la cara del cachorro.

3. Espera hasta que el cachorro deje de intentar lamer tu mano antes de comenzar de nuevo.

4. Cuando el cachorro se calme, da un paso atrás. Si tu cachorro no se está moviendo, dile "quieto" y dale una golosina y algunos elogios.

Darle a tu cachorro la recompensa indica que la orden ha terminado, pero también necesita indicar que la orden está completa. El cachorro tiene que aprender a quedarse quieto hasta que tú digas que está bien dejar el lugar. Una vez que des el permiso para moverse, no des golosinas. "Ven" no debe usarse como la palabra de permiso, ya que es una orden utilizada para otra cosa.

Repite estos pasos, alejándote más del cachorro después de una orden exitosa.

Una vez que tu cachorro entienda "quieto" cuando te alejas, comienza a adiestrarlo para que se quede quieto incluso si tú no te estás moviendo. Extiende la cantidad de tiempo requerida para que el cachorro permanezca en un lugar para que entienda que "quieto" termina con la orden de permiso.

Cuando sientas que tu cachorro ha dominado "quieto", comienza a enseñarle a "venir".

Ven

Esta es una orden que no puedes enseñar hasta que el cachorro haya aprendido las órdenes anteriores. Antes de comenzar la sesión de adiestramiento, decide si deseas usar "ven" o "ven aquí" para la orden. Sé consistente en las palabras que usas.

Esta orden es importante por la misma razón que la anterior. Si estás cerca de personas que se ponen nerviosas con los perros, o encuentras un animal salvaje u otra distracción, esta orden puede devolver la atención de tu cachorro hacia ti.

1. Pon la correa al cachorro.

2. Dile al cachorro que se quede quieto.

3. Aléjate del cachorro.

4. Di la orden que usarás para "ven" y da un suave tirón en la correa hacia ti.

Repite estos pasos, creando una distancia mayor entre tú y el cachorro. Una vez que el cachorro parezca entenderlo, quita la correa y comienza a una distancia cercana. Si tu cachorro no parece entender la orden, dale algunas pistas visuales sobre lo que deseas. Por ejemplo, puedes palmear su pierna o chasquear los dedos. Tan pronto como tu cachorro venga corriendo hacia ti, ofrece una recompensa.

Bájate

Aunque los Shiba Inu son pequeños, es importante adiestrar a tu perro para que se baje o se quite de algo. Esto no es lo mismo que enseñarle a tu perro a no saltar sobre las personas (Capítulo 9). Esta orden es específicamente para que tu perro se baje de los muebles, de los mostradores y de tu regazo (los Shiba Inu no siempre son los perros de regazo que parecen ser).

Este es un adiestramiento que deberás estar preparado para hacer sobre la marcha porque está enseñando a tu perro a detener una acción. Esto significa que tienes que reaccionar a esa acción indeseable. Tener golosinas a mano será esencial cuando veas a tu perro subirse a cosas en las que no quieres que esté.

1. Espera a que tu perro ponga sus patas en algo en lo que no quieres que esté.

2. Dile "Bájate" y aléjalo con una golosina que mantendrás justo fuera de su alcance.

3. Dile "Sí" y dale una golosina tan pronto como sus patas estén fuera de la superficie.

Repite esto cada vez que veas el comportamiento. Probablemente tomará al menos media docena de veces antes de que tu perro entienda que ya no debe realizar la acción. Con el tiempo, cambia de golosinas a elogios o jugar con un juguete.

Déjalo

Esta es una orden de adiestramiento difícil, pero necesitas enseñarle a tu perro "déjalo" para cuando esté de paseo y quieras que ignore a otras personas o perros.

1. Deja que tu perro vea que tienes golosinas en tu mano, luego ciérrala. Tu puño debe estar lo suficientemente cerca para que tu perro pueda oler la golosina.

2. Di "Déjalo" cuando tu perro comience a olfatear tu mano.

3. Di "Sí" y dale a tu perro una golosina cuando gire la cabeza alejándose de las golosinas. Inicialmente, esto probablemente tomará un tiempo ya que tu perro querrá esas golosinas. No continúes diciendo "Déjalo" ya que tu perro no debe aprender que tú darás una orden más de una vez. Quieres que aprenda que debe hacer lo que tú dices la primera vez que lo dices. Necesitarás persuadir a tu perro para que responda rápidamente, por eso se recomiendan las golosinas al principio. Si pasa un minuto o más después de dar la orden, puede emitirla nuevamente, pero asegúrate de que tu canino esté enfocado en ti y no distraído.

Estas sesiones solo deben durar unos cinco minutos y tu perro tardará algún tiempo en aprender, ya que le estás enseñando a ignorar algo que hace naturalmente. Cuando comience a entender y mire hacia otro lado cuando tú digas "déjalo" sin pasar mucho tiempo olfateando, puedes pasar a versiones más avanzadas del adiestramiento.

1. Deja tu mano abierta para que tu perro pueda ver las golosinas.

2. Di "Déjalo" cuando tu perro comience a mostrar interés (esto probablemente será casi inmediatamente, especialmente porque no tendrás la mano cerrada, así que estate preparado).

   a. Cierra tu puño si tu perro continúa olfateando o se acerca a las golosinas en tu mano.

   b. Dale a tu perro una golosina de tu otra mano si se detiene.

129

Repite estos pasos hasta que tu perro finalmente deje de intentar olfatear las golosinas. Cuando tu perro parezca haber dominado esto, pasa a la versión más difícil de esta orden.

1. Coloca golosinas en el suelo, o deja que tu perro te vea esconderlas, y permanece cerca de esas golosinas.

2. Di "Déjalo" cuando tu perro comience a mostrar interés en olfatear las golosinas.

   a. Coloca una mano sobre las golosinas si no escucha.

   b. Dale una golosina de tu mano si tu perro escucha.

A partir de aquí, puedes comenzar a adiestrar mientras estás más lejos de la golosina con st perro con correa para que puedas detenerlo si es necesario. Luego comienza a usar otras cosas que a tu perro le encantan, como un juguete favorito u otra golosina tentadora que normalmente no le das.

Suéltalo

Esta va a ser una de las órdenes más difíciles que le enseñarás a tu cachorro porque va en contra tanto de los instintos como de los intereses de tu cachorro. Él querrá quedarse con lo que tiene, por lo que tendrás que ofrecerle algo mejor en su lugar. Sin embargo, es esencial enseñar la orden temprano, ya que tu Shiba Inu va a ser muy destructivo en los primeros días. Además, esta orden podría salvar la vida de tu perro. Es probable que se lance a cosas que parecen comida cuando salga a caminar y esta orden hará que suelte cualquier cosa potencialmente peligrosa que recoja.

Comienza con un juguete y una golosina, o una golosina grande que tu perro no pueda comer en cuestión de segundos, como un cuero crudo. Asegúrate de que la golosina que tienes sea una que tu cachorro no reciba con mucha frecuencia para que haya motivación de soltar el juguete o la golosina grande.

1. Dale a tu cachorro el juguete o la golosina grande. Si deseas usar un clicker también, empáréjalo con la golosina atractiva que usarás para ayudar a convencer a tu cachorro de que suelte la golosina.

2. Muéstrele a tu cachorro la golosina atractiva.

3. Di "Suéltalo" y cuando suelte la golosina o el juguete, dile "bien" y entrégale la golosina atractiva mientras recoges la golosina o el juguete que soltó.

4. Repite esto inmediatamente después de que tu cachorro termine la golosina atractiva.

Necesitarás seguir reforzando esta orden durante meses después de que la aprenda porque no es una reacción natural. También debes comenzar a usar alimentos que tu perro encuentre casi irresistibles. Este es uno de esos raros momentos en los que debes usar una golosina porque tu cachorro necesita algo para convencerlo de que suelte un juguete preciado o, lo que es más importante, comida que no debería estar comiendo.

Silencio

Los Shiba Inu no se consideran ladradores excesivos, pero no hay garantía de que el tuyo no sea muy vocalizador. Inicialmente, puedes usar golosinas con moderación para reforzar el silencio si a tu cachorro le gusta hacer ruido. Si tu cachorro ladra sin razón obvia, dile que se calle y coloca una golosina cerca. Está casi garantizado que el perro guardará silencio para olfatear la golosina, en cuyo caso, dile "buen perro" o "buen silencio". No tomará demasiado tiempo hasta que tu cachorro entienda que "silencio" significa no ladrar.

Hacia Dónde Ir Desde Aquí

"Los Shibas pueden ser muy fáciles de adiestrar, ya que son intuitivos y perspicaces. Sin embargo, no hacen nada para complacernos, solo a sí mismos. Rara vez hacen algo solo por elogios; necesitan motivación. Afortunadamente, la mayoría están motivados por juguetes o comida, por lo que eso funciona bien. Los perros a los que no les importan los juguetes o la comida pueden ser muy difíciles: saben lo que 'nosotros' queremos, pero simplemente no ven por qué deberían hacerlo."

Susan Norris-Jones
SunJo Shiba Inu & Japanese Chin

Esta es una raza que puede beneficiarse mucho del adiestramiento de obediencia. Debido a que son tan tercos, el adiestramiento de obediencia tiene tanto que ver con enseñarte a ti cómo reaccionar ante la terquedad como con enseñar a tu perro a ser obediente. También le da a tu Shiba Inu la oportunidad de socializar. Es un entorno seguro para que tu cachorro aprenda sobre otros perros porque se presta mucha atención a todos los perros. Es un entorno seguro y una gran experiencia para que ambos aprendan.

Clases para Cachorros

Los cachorros pueden comenzar a ir a la escuela de cachorros tan temprano como a las 6 semanas. Este es el comienzo del adiestramiento de obediencia, pero deberás tener cuidado con tus interacciones con otros perros hasta que tu cachorro haya completado sus vacunas. Habla con tu veterinario sobre cuándo es un buen momento para comenzar, o al menos un momento seguro. Tu veterinario puede recomendarTe buenas clases de adiestramiento para cachorros en tu área.

El propósito principal de estas clases es la socialización, lo cual es realmente importante para una raza como el Shiba Inu. Los estudios han demostrado que un tercio de los cachorros tienen una exposición mínima a personas y perros nuevos durante las primeras 20 semanas de vida, lo que puede hacer que el mundo exterior sea más aterrador. Las clases para cachorros les dan a ti y a tu cachorro la oportunidad de aprender a conocer y saludar a otras personas y perros en un entorno estrictamente controlado. Los perros que asisten a estas clases son mucho más amigables y están menos estresados por cosas como cami-

ones grandes, ruidos fuertes y visitantes. También es menos probable que estén nerviosos o sufran de ansiedad por separación.

También es un buen adiestramiento para ti. En los mismos estudios, las personas pudieron reaccionar de manera más apropiada cuando un cachorro era desobediente o se comportaba mal, algo que es absolutamente esencial cuando se adiestra a un Shiba Inu. Te enseña cómo adiestrar a tu cachorro y cómo lidiar con la naturaleza testaruda emergente de tu perro.

Muchas clases te ayudarán con algunas de las órdenes básicas, como sentarse y echarse. Busca una clase que también se centre en la socialización para que tu cachorro pueda aprovechar al máximo la clase.

Adiestramiento de Obediencia

Después de que tu cachorro se gradúe de la escuela de cachorros y entienda la mayoría de las órdenes básicas, puedes cambiar a clases de obediencia. Son más difíciles, pero no debería ser un gran desafío para un Shiba Inu. Algunos adiestradores ofrecen adiestramiento de obediencia en casa, pero es mejor encontrar una clase para que tu perro pueda continuar la socialización como parte del adiestramiento. Si tu cachorro asiste a clases para cachorros, pueden proporcionarle las siguientes clases que recomiendan. Perros de casi cualquier edad pueden asistir a clases de adiestramiento de obediencia, aunque tu perro debe tener la edad suficiente para escuchar (por eso hay clases para cachorros – los perros que tienen 20 semanas o menos son un tipo diferente de problema de adiestramiento).

- El adiestramiento de obediencia generalmente incluye lo siguiente:
- Enseñar o reforzar órdenes básicas, como sentarse, quedarse quieto, venir y echarse.
- Cómo caminar sin tirar de la correa.
- Cómo saludar adecuadamente a personas y perros, incluido no saltar sobre ellos.

La escuela de obediencia tiene tanto que ver con adiestrarte a ti como con adiestrar a tu perro. Te ayuda a aprender cómo adiestrar mientras guías a tu perro a través de órdenes básicas y cómo comportarse para ataques básicos, como saludos y caminatas. Las clases generalmente duran entre 7 y 10 semanas.

Pídele recomendaciones a tu veterinario. Si tu veterinario no tiene recomendaciones, tómate el tiempo para investigar a fondo tus opciones. Observa los siguientes detalles al evaluar a los adiestradores:

- ¿Están certificados, particularmente con la certificación CPDT-KA?

- ¿Cuántos años han estado adiestrando perros?
- ¿Tienen experiencia con Shiba Inu?
- ¿Puedes participar en el adiestramiento? Si la respuesta es no, no uses a este adiestrador. Tú tienes que ser parte del adiestramiento de tu perro porque el adiestrador no va a estar presente durante la mayor parte de su vida. Él tiene que aprender a escucharte a ti.

El adiestramiento de obediencia no ayuda con problemas de comportamiento graves. Si tu perro tiene ansiedad, depresión u otros problemas de comportamiento graves, necesitas contratar a un adiestrador especializado para ayudar a tu perro a superar esos problemas. Investiga para asegurarte de que el adiestrador seleccionado sea un experto, preferiblemente con experiencia con perros inteligentes y de carácter fuerte. Si es posible, encuentra a alguien que tenga experiencia tratando con Shiba Inus.

Una vez que tu Shiba Inu haya dominado las órdenes básicas y te haya ido bien en el adiestramiento de obediencia, puedes comenzar a hacer otro adiestramiento más agradable. Siempre que a tu Shiba Inu le haya ido bien en las clases, no deberías necesitar un adiestrador porque tu perro te escuchará. Con una base para las órdenes y un interés más activo en aprender más, esta podría ser una gran base para hacer más, siempre y cuando tu Shiba Inu esté interesado. A estas alturas, deberías poder decir si tu perro está interesado, y definitivamente tendrás más idea de si deseas seguir un adiestramiento más difícil dado la personalidad de tu perro.

CAPÍTULO 13
Nutrición

"Como raza asiática, no tienen antecedentes con la carne de res o los granos, que requieren enzimas digestivas específicas. Las aves de corral, el pescado y la caza son buenas fuentes de proteínas, mientras que el arroz es el grano mejor tolerado".

Susan Norris-Jones
SunJo Shiba Inu y Japanese Chin

Durante los últimos años, las personas han permitido que sus Shiba Inu se vuelvan demasiado grandes para sus pequeñas estructuras debido a la popularidad de Cody, un Shiba Inu obeso. La gente pensaba que los problemas que tenía eran "adorables", lo cual es cruel porque ese jadeo y la expresión en la cara del perro son indicativos de

dolor, no de felicidad. Debes tener cuidado con tu Shiba Inu y asegurarte de que esto no le suceda. Aunque no son propensos a comer en exceso como algunas otras razas, eso no significa que no lo harán.

Sin embargo, es sorprendentemente fácil mantener saludable a esta raza. Solo debes estar consciente de con qué estás alimentando a tu Shiba Inu y asegurarte de que tu perro esté haciendo el ejercicio adecuado todos los días. Dado su tamaño, esto es fácil de hacer, pero requiere planificación antes de que llegue tu cachorro o perro.

Por Qué Es Importante Una Dieta Saludable

Dado que los Shiba Inu generalmente ajustan sus necesidades de ejercicio para coincidir con el nivel de ejercicio de la familia, tú deberás ajustar la dieta para que coincida con la cantidad de ejercicio que tu perro realizará regularmente. Este es un problema exclusivo de los dueños de Shiba Inu, por lo que deberás estar atento a cualquier disminución en la actividad para asegurarte de no estar sobrealimentando a tu perro. Si tienes un horario muy ocupado, será demasiado fácil tener lapsos sustanciales en los niveles de actividad mientras estás en casa. Tu Shiba Inu no va a entender los cambios en su horario, solo el hecho de que generalmente hay una cierta cantidad de comida que entra en su boca, independientemente de su nivel de actividad. Esto significa que es probable que aumente de peso cuando mantengas las mismas calorías mientras reduces las actividades.

Necesitas estar consciente de aproximadamente cuántas calorías consume tu perro al día, incluidas las golosinas. Estate atento al peso de tu perro para que puedas ver cuándo está aumentando de peso. Esto te indicará cuándo debes ajustar la cantidad de comida que tu Shiba Inu coma al día, o cambiar su comida por algo con más valor nutricional, pero menos calorías.

Siempre habla con tu veterinario si tienes preocupaciones sobre el peso de tu Shiba Inu. También puedes establecer controles regulares de peso en casa porque caben en las básculas domésticas.

Nutrición Canina

Las necesidades dietéticas de un perro son significativamente diferentes a las necesidades humanas. Las personas son más omnívoras que los perros, lo que significa que requieren una gama más amplia de nutrientes para estar saludables. Los caninos son en gran parte carnívoros, y la proteína es un requisito dietético significativo. Sin embargo, necesitan más que solo proteínas para estar saludables.

La siguiente tabla proporciona los requisitos nutricionales primarios para los perros.

Nutriente	Fuentes	Cachorro	Adulto
Proteína	Carne, huevos, soja, maíz, trigo, mantequilla de maní	22,0% de la dieta	18,0% de la dieta
Grasas	Aceite de pescado, aceite de linaza, aceite de canola, grasa de cerdo, grasa de ave, aceite de cártamo, aceite de girasol, aceite de soja	8,0 a 15,0% de la dieta	5,0 a 15,0% de la dieta
Calcio	Lácteos, vísceras animales, carnes, legumbres (generalmente frijoles)	1,0% de la dieta	0,6% de la dieta
Fósforo	Carne y suplementos para mascotas	0,8% de la dieta	0,5% de la dieta
Sodio	Carne, huevos	0,3% de la dieta	0,06% de la dieta

Foto cortesía de Whitney Kono

Los siguientes son los nutrientes restantes que los perros requieren, todos ellos menos del 1% de la dieta de cachorro o adulto:

- Arginina
- Histidina
- Isoleucina
- Leucina
- Lisina
- Metionina + cistina
- Fenilalanina + tirosina
- Treonina
- Triptófano
- Valina
- Cloruro

Dado que muchos alimentos humanos contienen conservantes y sal, es mejor evitar dar a tu perro alimentos humanos con mucho sodio.

El agua también es absolutamente esencial para mantener a tu perro saludable. Siempre debe haber agua en el bebedero de tu perro, así que acostúmbrate a revisarlo varias veces al día para que tu perro no se deshidrate.

Proteínas Y Aminoácidos

Como carnívoros, la proteína es uno de los nutrientes más importantes en la dieta de un perro saludable (aunque no deberían comer carne de manera tan exclusiva como sus parientes cercanos los lobos; sus dietas y necesidades han cambiado significativamente desde que se convirtieron en compañeros de los humanos). Las proteínas contienen los aminoácidos necesarios para que tu perro produzca glucosa, que es esencial para darle energía a tu perro.

Una falta de proteína en la dieta de tu perro resultará en que esté letárgico. Su pelaje puede comenzar a verse opaco y es probable que pierda peso. Por el contrario, si tu perro obtiene demasiada proteína, su cuerpo de almacenará el exceso de proteína como grasa, lo que significa que aumentará de peso.

La carne es típicamente la mejor fuente de proteína, y se recomienda ya que las necesidades dietéticas de un perro son significativamente diferentes de las necesidades humanas. Sin embargo, es posible que un perro tenga una dieta vegetariana siempre que te asegures de que tu perro obtenga la proteína necesaria a través de otras fuentes, y deberás incluir vitamina D suplementaria en su comida. Si planeas alimentar a tu perro con una dieta vegetariana, habla primero con tu veterinario. Es increíblemente difícil asegurar que un carnívoro obtenga proteínas ade-

Foto cortesía de
Helena Miltiadous

cuadas con una dieta vegetariana, especialmente los cachorros, por lo que deberás dedicar mucho tiempo a la investigación y discusión con expertos en nutrición para asegurarte de que tu perro esté obteniendo las proteínas necesarias para sus necesidades vitales.

Grasa Y Ácidos Grasos

La mayoría de las grasas que tu perro necesita también provienen de la carne, aunque los aceites de semillas también pueden proporcionar muchas de las grasas saludables necesarias, siendo la mantequilla de cacahuate una de las fuentes más comunes. Las grasas se descomponen en ácidos grasos, que tu perro necesita para las vitaminas liposolubles que ayudan con las funciones celulares regulares. Quizás el beneficio más obvio de las grasas y los ácidos grasos se ve en el pelaje de tu perro, que se verá y se sentirá mucho más saludable cuando tu perro esté recibiendo los nutrientes adecuados.

Hay una serie de problemas de salud potenciales si tu perro no obtiene grasas adecuadas en su dieta diaria.

- Su pelaje se verá menos saludable.
- Su piel puede estar seca y con picazón.
- Su sistema inmunológico podría verse comprometido, facilitando que tu perro se enferme.
- Puede tener un mayor riesgo de enfermedad cardíaca.

La principal preocupación si tu perro obtiene demasiada grasa es que aumentará de peso y se volverá obeso, lo que conducirá a problemas de salud adicionales. Para las razas que están predispuestas a problemas cardíacos, debes tener especial cuidado y asegurarte de que tu perro obtenga la cantidad correcta de grasas en su dieta. Se estima que el 18% de los Shiba Inu tienen problemas cardíacos.

Carbohidratos Y Alimentos Cocinados

Los perros han estado viviendo con los humanos durante milenios, por lo que sus necesidades dietéticas han evolucionado como las nuestras. Son capaces de comer alimentos con carbohidratos para complementar la energía que normalmente proporcionan las proteínas y las grasas. Si cocinas granos (como cebada, maíz, arroz y trigo) antes de alimentar a tu perro, será más fácil para tu perro digerir esos carbohidratos complejos. Esto es algo a tener en cuenta al considerar qué tipo de alimento le darás a tu perro, ya que querrás obtener un alimento seco (croquetas) que use carne en lugar de granos; si bien tu perro puede digerir alimentos con granos, no obtendrás tanto valor nutricional como lo harías de alimentos que tienen carne real.

Diferentes Requisitos Dietéticos Para Diferentes Etapas De La Vida

Diferentes etapas de la vida de un perro tienen diferentes necesidades nutricionales:

* Cachorros
* Adultos
* Perros mayores

Alimento Para Cachorros

Los fabricantes de alimentos para perros producen un tipo de alimento completamente diferente para cachorros por una muy buena razón: sus necesidades nutricionales son muy diferentes a las de un adulto. Durante aproximadamente los primeros 12 meses de sus vidas, sus cuerpos están creciendo. Para estar saludables, necesitan más calorías y tienen diferentes necesidades nutricionales para promover ese crecimiento.

Alimento Para Perros Adultos

La principal diferencia entre el alimento para cachorros y el alimento para perros adultos es que el alimento para cachorros es más alto en calorías y nutrientes que promueven el crecimiento. Los productores de alimentos para perros reducen estos nutrientes en los alimentos fabricados para perros adultos, ya que ya no necesitan mantener el crecimiento. Como regla general, cuando un perro alcanza aproximadamente el 90% de su tamaño adulto previsto, debe cambiar a alimento para perros adultos.

El tamaño de tu perro es clave para determinar cuánto alimentarlo. La siguiente tabla es una recomendación general sobre cuánto alimentar a tu Shiba Inu adulto al día. Inicialmente, es posible que desees centrarte en las calorías mientras intentas encontrar el equilibrio adecuado para tu perro.

Tamaño del perro	Calorías
4,5 kg	420 durante los meses cálidos 630 durante los meses fríos
9 kg.	700 durante los meses calurosos 1.050 durante los meses fríos

Observa que la mayoría de los Shiba Inu no necesitan 1.000 calorías al día durante la mayor parte del año. Esto no es mucha comida, por lo que debes estar muy consciente de cuántas calorías le estás dando a tu perro para asegurarte de que no tenga sobrepeso. Esta escala es para el rango de peso ideal de un perro. Si tu perro tiene sobrepeso u obesidad, pregúntale a tu veterinario cuánto debes alimentar a tu perro por día.

También ten en cuenta que estas recomendaciones son por día, y no por comida. Ya sea que lo alimentes una vez al día o varias veces al día, asegúrate de medir cuidadosamente cuánta comida le das para no exceder la recomendación diaria.

Si planeas agregar alimento húmedo, presta atención a la ingesta total de calorías y ajusta la cantidad de alimento que le das a tu perro entre las croquetas y el alimento húmedo. En otras palabras, las calorías totales en las croquetas y el alimento húmedo deben equilibrarse para no exceder las necesidades de tu perro.

Lo mismo es necesario si le das a tu perro muchas golosinas a lo largo del día. Debes considerar el recuento de calorías de las golosinas en la cantidad de alimento que le das a tu perro en las comidas.

Si planeas alimentar a tsu perro con comida casera, deberás aprender más sobre nutrición y deberás prestar mucha atención a las calorías, y no a las medidas en tazas.

Alimento Para Perros Mayores

Al igual que las personas mayores, los perros mayores no son capaces de ser tan activos como lo eran en sus días más jóvenes. Sin embargo, esta es solo una guía aproximada. Si notas que tu perro se está ralentizando o ves que tu perro no puede dar caminatas más largas debido al dolor en las articulaciones o la falta de resistencia, esa es una buena señal de que tu perro está entrando en sus años mayores. Consulta con tu veterinario cuando creas que es hora de cambiar el tipo de alimento que les da a tu perro.

La principal diferencia entre el alimento para perros adultos y mayores es que el alimento para perros mayores tiene menos grasa y más antioxidantes para ayudar a combatir el aumento de peso. Los perros mayores también necesitan más proteínas, lo que probablemente hará feliz a tu perro porque eso generalmente significa más carne y sabores de carne. La proteína ayuda a mantener los músculos envejecidos de tu perro. Debe comer menos fósforo durante sus años dorados para evitar el riesgo de que desarrolle hiperfosfatemia. Esta es una condición en la que los perros tienen cantidades excesivas de fosfato en su torrente

Foto cortesía de
Pervie Villareal

sanguíneo, y justamente los perros mayores tienen un mayor riesgo de desarrollarla.

El alimento para perros mayores tiene la cantidad correcta de calorías para la actividad reducida, por lo que no deberías necesitar ajustar la cantidad de alimento que le das a tu perro, a menos que notes que está aumentando de peso. Consulta a tu veterinario antes de ajustar la cantidad de alimento . Esto podría ser un signo de una dolencia mayor.

Opciones De Comida Para Su Perro

Tienes tres opciones principales para alimentar a tu perro, o puedes usar una combinación de las tres, dependiendo de tu situación y las necesidades específicas de tu perro:

- Alimentos comerciales
- Dieta cruda
- Dieta casera

Alimento Comercial

Asegúrate de comprar el mejor alimento para perros que puedas permitirte. Tómate el tiempo para investigar cada una de tus opciones, particularmente el valor nutricional del alimento, y haz de esto una tarea anual. Quieres asegurarte de que el alimento que le estás dando a tu perro sea de calidad. Siempre tengas en cuenta el tamaño, los niveles de energía y la edad de tu perro. Es posible que tu cachorro no necesite alimento para cachorros tanto tiempo como otras razas y el alimento para perros mayores puede no ser la mejor opción para tu propio Shiba Inu mayor.

Barkspace proporciona varios artículos excelentes sobre qué alimentos comerciales para perros son buenos para los Shiba Inu. Dado que nuevos alimentos llegan frecuentemente al mercado, verifica ocasionalmente si hay alimentos más nuevos y mejores disponibles. Dado que debes tener cuidado con el peso de tu Shiba Inu, vale la pena verificar que le estás dando el mejor alimento disponible.

Si no estás seguro sobre qué marca de alimento es mejor, habla con el criador sobre qué alimentos recomiendan. Puedes preguntarle a tu veterinario, aunque lo más probable es que la mayoría de ellos no hayan trabajado con muchos Shiba Inu y aún no hayan formado una opinión. Los criadores son realmente las mejores guías para ti aquí, ya que son expertos en la raza.

Algunos perros pueden ser exigentes, y ciertamente pueden cansarse de tener la misma comida repetidamente. Así como tú cambias tus comidas, puedes cambiar lo que come tu Shiba Inu. Si bien no debes cambiar frecuentemente la marca de alimento, puedes obtener alimentos que tengan diferentes sabores. También puedes cambiar el sabor agregando un poco de alimento húmedo (enlatado). Este es un cambio fácil de hacer, dándole a tu perro un alimento enlatado diferente (generalmente solo alrededor de 1/4 a 1/3 de la lata , dependiendo del tamaño de tu perro) con cada comida.

Para obtener más detalles sobre las opciones comerciales, consulta Dog Food Advisor. Proporcionan reseñas sobre las diferentes marcas, además de proporcionar información sobre retiros del mercado y problemas de contaminación.

Alimento Seco Comercial

El alimento seco para perros a menudo viene en bolsas, y es con lo que la gran mayoría de las personas alimentan a sus perros. Dado su tamaño, no necesitarás las bolsas grandes de alimento para perros a menos que no quieras comprarlo durante mucho tiempo.

Ventajas de la comida para perro seca:

- Conveniencia
- Variedad
- Disponibilidad
- Asequibilidad
- Los fabricantes siguen recomendaciones nutricionales (no todos las siguen, así que investiga la marca antes de comprar)
- Especialmente formulado para diferentes etapas de vida canina
- Puede usarse para el adiestramiento
- Fácil de almacenar

Desventajas de la comida para perro seca:

- Requiere investigación para asegurarse de no comprar comida chatarra para perros
- El empaque no siempre es honesto
- Retiros por contaminación de alimentos
- Los alimentos de baja calidad pueden tener ingredientes cuestionables

La conveniencia y la facilidad para su presupuesto significa que casi con certeza comprarás croquetas para tu perro. Esto está perfectamente bien, y la mayoría de los perros estarán más que felices de comer croquetas. Solo sebe qué marca está alimentando actualmente a tu perro y presta atención a los retiros de croquetas del mercado para asegurarte de dejar de alimentar a tu perro con ese alimento en particular si es necesario.

Alimento Húmedo Comercial

La mayoría de los perros prefieren el alimento húmedo para perros a las croquetas, pero también es más caro. El alimento húmedo para perros se puede comprar en paquetes más grandes que pueden ser muy fáciles de almacenar.

Ventajas de la comida para perro húmeda:
- Ayuda a mantener a los perros hidratados
- Tiene un aroma y sabor más rico
- Más fácil de comer para perros con problemas dentales (particularmente aquellos a los que les faltan dientes) o si un perro ha estado enfermo
- Conveniente y fácil de servir
- Sin abrir, puede durar entre 1 y 3 años
- Equilibrado según las recomendaciones actuales de nutrición para mascotas

Desventajas de la comida para perro húmeda:
- Los comederos para perros deben lavarse después de cada comida
- Puede ablandar las deposiciones
- Puede ser más desordenado que las croquetas
- Una vez abierto, tiene una vida útil muy corta y debe cubrirse y refrigerarse
- Más caro que el alimento seco para perros y viene en pequeñas cantidades
- El empaque no siempre es honesto
- Retiros por contaminación de alimentos

Al igual que el alimento seco para perros, el alimento húmedo es conveniente, y los perros exigentes tienen muchas más probabilidades de comerlo que las croquetas. Cuando tu perro se enferma, es mejor usar alimento húmedo para perros para asegurarte de que esté comiendo y así obtenga la nutrición que necesita cada día. Puede ser un poco más difícil volver a las croquetas una vez que esté sano, pero siempre puedes continuar agregando un poco de alimento húmedo para hacer cada comida más apetecible para tu perro.

Dieta Cruda

"Alimento a mis Shibas con una dieta cruda, como lo haría con cualquier perro. Creo que les va bien y viven más tiempo con alimentos crudos y apropiados. Pero también sé que muchas personas alimentan a sus Shibas con alimentos secos, y también viven vidas largas y saludables".

CJ Strehle
JADE Shiba Inu

Para perros como el Shiba Inu que tienen alergias alimentarias, las dietas crudas pueden ayudar a evitar que tu perro tenga una reacción alérgica al trigo y los alimentos procesados. Las dietas crudas son ricas en carnes crudas, huesos, verduras y suplementos específicos. Algunos de los beneficios de una dieta cruda incluyen:

- Mejora el pelaje y la piel de tu perro
- Mejora el sistema inmunológico
- Mejora la salud (como resultado de una mejor digestión)
- Aumenta la energía
- Aumenta la masa muscular

Las dietas crudas están destinadas a darle a tu perro el tipo de alimento que comía antes de ser domesticado. Significa darle a tu perro carnes crudas, huesos enteros (sin cocinar) y un poco de lácteos. No incluye ningún tipo de alimento procesado, ni siquiera alimentos cocinados en tu cocina.

Hay riesgos potenciales con esta dieta. Los perros han sido domesticados durante milenios, y su sistema digestivo ha evolucionado a medida que lo han hecho ellos. Tratar de forzarlos a volver al tipo de dieta que solían comer no siempre funciona como se pretende porque es posible que ya no puedan digerirla completamente. También hay muchos riesgos al alimentar a los perros con comidas crudas, particularmente si la comida ha sido contaminada. Cosas como las bacterias representan un riesgo serio y pueden transferirse a ti si tu perro se enferma. Muchos profesionales médicos también advierten sobre los peligros de dar huesos a los perros, incluso si no están cocinados. Los huesos pueden astillarse en la boca de tu perro, perforando el esófago o el estómago.

Dieta Casera

Si regularmente preparas su propia comida (desde cero, no con un microondas o comida en caja), realmente no toma mucho más tiempo proporcionar una comida igualmente saludable para tu compañero.

Lee el Capítulo 4 para asegurarte de nunca darle a tu Shiba Inu alimentos que podrían ser dañinos o mortales para él. Teniendo en cuenta los alimentos que tu Shiba Inu absolutamente no debe comer, puedes mezclar parte de la comida que preparas para ti en la comida de tu Shiba Inu. Solo asegúrate de agregar un poco más de lo que tu Shiba Inu necesita al comedero del cachorro. Aunque tú y tu Shiba Inu tienen necesidades dietéticas claramente diferentes, puedes adaptar sus alimentos para incluir nutrientes que tu perro necesita.

No alimentes a tu Shiba Inu desde tu plato. Divide la comida, colocando la comida de tu perro en un comedero para que tu canino entienda que tu comida es solo para ti. Las mejores comidas caseras deben planificarse con anticipación para que tu Shiba Inu obtenga el equilibrio nutricional adecuado.

Típicamente, el 50% de la comida de tu perro debe ser proteína animal (pescado, aves y vísceras). Aproximadamente el 25% debe estar lleno de carbohidratos complejos. El 25% restante debe provenir de frutas y verduras, particularmente alimentos como calabaza, manzanas, plátanos y judías verdes. Estos proporcionan sabor adicional que tu Shiba Inu probablemente amará mientras lo hace sentir lleno más rápido, de modo que se reduzca la posibilidad de comer en exceso.

Programación De Comidas

Los perros de trabajo esperan un horario, y esperan que la comida también se proporcione según un horario establecido, sin importar qué otro aspecto se salga del horario. Tu Shiba Inu puede ser independiente, pero probablemente esperará que tú te adhieras a un horario, y eso definitivamente incluye las horas de comida. Esta es una raza que no tendrá ningún problema en hacerte saber que llegas tarde con la comida. Si las golosinas y los refrigerios son algo que estableces como normal desde el principio, tu perro creerá que las golosinas también son parte de la rutina y las esperará.

Alergias E Intolerancias Alimentarias

"Si comienzan a morderse las patas o tienen diarrea, eso puede significar que tienen una alergia alimentaria".

Jan Hill
Dark Knight Shibas

Siempre que comiences a darle a tu perro un nuevo tipo de alimento para perros (incluso si es la misma marca a la que tu perro está acostumbrado, pero un sabor diferente), debes monitorearlo mientras se acostumbra. Los Shiba Inu son propensos a numerosos tipos de alergias, incluidas las alergias alimentarias. Siempre que cambies la dieta de tu perro, debes estar atento a cualquier indicio de que tu cachorro está teniendo una reacción alérgica.

Las alergias alimentarias en los perros tienden a manifestarse como puntos calientes, que son similares a las erupciones en los humanos. Tu perro puede comenzar a rascarse o masticar puntos específicos en su cuerpo. Su pelaje podría comenzar a caerse alrededor de esos puntos.

Algunos perros no tienen un solo punto caliente, sino que la alergia aparece en todo su pelaje. Si tu Shiba Inu parece estar perdiendo más pelo de lo normal, llévalo al veterinario para que lo revisen por alergias alimentarias.

Los Shiba Inu generalmente no tienen estómagos sensibles, pero ocasionalmente un pobre cachorro sí tiene algunos problemas digestivos. Adherirse a una dieta sin granos puede ayudar a garantizar que tu Shiba Inu esté recibiendo la nutrición adecuada sin sufrir de intolerancia alimentaria. Si le das a tu perro algo que su estómago no puede manejar, probablemente será obvio cuando no pueda contener sus intestinos. Si ya está adiestrado para hacer sus necesidades, probablemente jadeará o gemirá para hacerte saber que necesita salir. Sácalo lo más rápido posible para que no tenga un accidente. Dependiendo del perro, la flatulencia podría ser una indicación de intolerancia alimentaria.

Dado que los síntomas de las alergias e intolerancias alimentarias pueden ser similares a la reacción de un perro a las deficiencias nutricionales (particularmente la falta de grasas en la dieta de un perro), debes visitar a tu veterinario si notas algún problema con el pelaje o la piel de tu perro.

CAPÍTULO 14
Activo o Tranquilo – Tú Eliges

Foto cortesía de
Diane Leighton

Aunque son perros muy independientes, los Shiba Inu son flexibles. Para las personas que prefieren estar en casa, pueden adaptarse perfectamente y descansar tranquilamente. Para las familias que aman salir y ser activas, el Shiba Inu puede ser tan enérgico como un adolescente. Su independencia no significa que no quieran estar con la familia, simplemente significa que no van a estar pegados a ti. Les encanta estar con sus personas y su manada, y definitivamente quieren participar en cualquier diversión que tú estés teniendo.

Deberás asegurarte de que tu Shiba Inu reciba al menos un paseo de 45 minutos a una hora todos los días (y al menos un paseo más corto adicional). También pueden cansarse mediante entrenamientos más intensos. Por supuesto, los diferentes grupos de edad tienen distintas necesidades de ejercicio: los cachorros (Capítulo 9) y los perros mayores (Capítulo 18) no tendrán la resistencia para paseos tan largos.

Dada su inteligencia y el riesgo de que se aburra, querrás mantener a tu Shiba Inu felizmente ocupado o cansado. Esto puede ser un desafío único ya que tu perro no siempre estará de humor para hacer lo que tú quieres hacer. Aunque los Shiba Inu pueden ser muy individualistas, les encanta jugar con sus personas la mayor parte del tiempo. Cuantas más opciones le dés a tu Shiba Inu, más fácil será mantener a tu cachorro fuera de problemas. En días cuando el clima dificulta el ejercicio, puedes recurrir al adiestramiento u otras actividades divertidas en interiores para gastar parte de esa energía.

Ejercicio – Las Necesidades de Actividad

"Cuando son jóvenes, los cachorros Shiba necesitan mucho descanso y momentos tranquilos. No son grandes ejercitadores hasta los 4-5 meses de edad. Una vez que tienen la edad suficiente, a menudo harán lo que se conoce como el Shiba 500... correr por el jardín o la casa para liberar energía. Cuando son adultos, los Shiba necesitan un paseo largo 2-3 veces por semana, o tiempo para correr por el jardín diariamente para mantener sus mentes activas y no destructivas."

CJ Strehle
JADE Shiba Inu

Traer un Shiba Inu a tu hogar significa que estás aceptando ejercitarlo diariamente, incluso cuando todavía es un cachorro. Los perros no quieren portarse mal, pero si están aburridos, las travesuras son inevitables. Afortunadamente, su tamaño hace que ejercitarlos lo suficiente sea bastante fácil, por lo que cuando finalmente dejes a tu perro solo en casa, es poco probable que tus muebles u otras cosas sean destrozados en su ausencia.

Dado que los problemas de peso están directamente relacionados con la falta de ejercicio, si tu perro está ganando peso, eso podría ser una señal de que no está recibiendo suficiente tiempo de actividad. Afortunadamente, es fácil corregir eso; tienes muchas opciones para asegurarte de que tu perro reciba suficiente ejercicio – es mucho más fácil (y más saludable para tu amigo) hacer más actividades con tu perro que simplemente medir calorías. Incluso puedes desarrollar la resistencia de un Shiba Inu hasta el punto de trotar varios kilómetros al día, y a tu perro le encantará.

Una Amplia Gama de Actividades

Su apariencia y personalidad inquisitiva hacen del Shiba Inu una raza popular. Sin duda, la actividad más popular con esta raza es el senderismo porque les encanta explorar nuevos lugares. Cuantas más actividades diferentes realices con tu perro, más felices serán ambos.

Senderismo

La mayoría de los Shiba Inu disfrutan enormemente salir y explorar nuevas áreas. A pesar de su pequeña estatura, los Shiba Inu pueden caminar hasta 16 kilómetros en un día. Estarán más que felices de acompañarte en estas caminatas, por lo que no será una lucha tratar de convencerlos de que será divertido. Después de una excursión al aire libre, tu Shiba Inu estará más que feliz de simplemente acurrucarse durante el resto del día y descansar.

Para las caminatas, asegúrate de llevar un recipiente para agua y un botiquín de primeros auxilios. Asegúrate también de que tu Shiba

Foto cortesia de
Gabe & Natty Hynes

Inu esté al día con los tratamientos contra pulgas y garrapatas. Necesitará un par de meses de tratamientos antes de las excursiones al aire libre. Además, verifica que se permitan perros en las áreas que planeas explorar. Lleva un mapa para no perderte – tu Shiba Inu querrá ir a todas partes. Asegúrese de mantener a tu Shiba Inu con correa mientras explora. El instinto de caza estará en su punto más fuerte durante una caminata, por lo que necesitas tener a tu canino con correa para mantenerlo seguro.

Trotar

"Correr y trotar son excelentes ejercicios con los que un Shiba prosperará. O, al menos, una larga caminata enérgica con tiempo de juego activo e interactivo."

Jeffrey Kellen
JAK Kennel

A pesar de su tamaño, los Shiba Inu son fantásticos compañeros para trotar, y pueden ir mucho más lejos que la mayoría de los perros pequeños y medianos. En los días en que tienes que ir a trabajar, trotar por la mañana es la manera perfecta de asegurarte de que tu Shiba Inu esté demasiado cansado para aburrirse mientras tú estás fuera.

Deberás comenzar lentamente después de consultar con tu veterinario sobre llevar a tu canino a trotar. Se recomienda trotar en tierra o suelo blando porque el concreto y el asfalto son mucho más duros para las articulaciones de las patas. Si tiene que trotar en superficies más duras, dale a las patas de tu canino algo de tiempo para aclimatarse a la superficie. Es posible que desees obtener algunas lociones especiales para usar en esas lindas almohadillas después de trotar en superficies duras.

Planea trotar durante unos 10 minutos al menos unas cuantas veces. No es una acción natural trotar con correa, por lo que tu perro tendrá que acostumbrarse primero, especialmente aprendiendo a no morder la correa, ya que es probable que golpee a tu perro durante el trote. Durante esos 10 minutos, alterna entre un minuto de trote y un minuto de caminata. Esto ayudará a tu perro a aprender lo que estás tratando de hacer. Con el tiempo, podrás comenzar a trotar más que a caminar. Una vez que puedas trotar un kilómetro completo sin caminar, podrás comenzar a ir un poco más lejos hasta alcanzar varios kilómetros.

Ten mucho cuidado al trotar cuando hace calor, y no trotes cuando hace mucho calor. Los Shiba Inu tienen doble capa de pelo, lo que hará que se calienten mucho más rápido que tú. Jadean para refrescarse, como todos los perros, y eso no es tan eficiente con una capa gruesa de pelaje. Si trotas cuando hace calor, asegúrate de llevar agua para tu Shiba Inu y deja que tu perro beba al menos cada kilómetro.

Necesitas tener una correa o arnés muy resistente para trotar con tu Shiba Inu, ya que perseguirá a cualquier animal pequeño que vea. No querrás que te disloque el hombro, rompa la correa o se lastime si se desvía para intentar perseguir a pequeños animales.

No te molestes si tu perro quiere detenerse y olfatear. Eso es tan emocionante para él como simplemente trotar. Si deseas trotar sin interrupciones, es mejor no trotar con tu Shiba Inu, al menos no al principio.

Foto cortesía de
Alayne Levine

154

Kayak y Paddle Board

No hay muchos perros que puedan hacer esto, pero el Shiba Inu es el perro perfecto para salir al agua contigo y simplemente disfrutar del paseo. Le encantará hacer esto tanto como a ti, y su entusiasmo por algo tan especial definitivamente le hará sentir increíble. Los Shiba Inu no son conocidos por ser nadadores particularmente hábiles, pero estarán perfectamente felices sentados en el kayak o en la tabla de paddle mientras tú haces todo el trabajo.

Necesitarás un chaleco salvavidas para tu Shiba Inu, incluso si vas a salir en aguas tranquilas. Dado que la mayoría de los paseos en kayak y paddle board se realizan en aguas mucho más agitadas, debes asegurarte de que tu pequeño amigo esté seguro. También es posible que vuelques, por lo que quieres asegurarte de que tu Shiba Inu se mantenga a flote mientras luchas por enderezar la embarcación.

Puedes practicar esto permitiendo que tu perro explore el kayak o la tabla de paddle en casa. Colócalo en el jardín o en la entrada y déjelo olfatearlo. Asegúrate de que tu perro no orine en la embarcación. Es posible que tu cachorro también tenga demasiado miedo de subirse a la embarcación. Tranquilízalo con palabras y tono positivos mientras lo cargas y se sube a la embarcación. Deja que tu perro se acostumbre a esto mientras está en tierra para que no sea demasiado abrumador cuando llegue al agua.

Estate preparado para que las primeras veces sean increíblemente emocionantes, por lo que tu perro probablemente no se quedará quieto. Esto significa que deberás ir a algún lugar con aguas tranquilas para que tu perro pueda acostumbrarse a la sensación.

Adiestramiento de Agilidad

Mejor conocido como circuitos de obstáculos, el adiestramiento de agilidad es una excelente manera de mantener a tu perro adulto corriendo y feliz. Tú guías a tu perro a través del circuito, lo que ayuda no solo a fortalecer su vínculo, sino también a darle a tu perro la oportunidad de sentirse más cómodo cuando estás fuera del hogar, o al menos aprender que no necesita tratar de dominar a todos en el área. Como tú eres quien tiene el control, y tu perro probablemente estará confundido al principio, prepárate para verte un poco tonto al principio. El objetivo es divertirse y mantener a tu perro comprometido, por lo que captar y mantener su atención es clave para tener éxito.

Se recomiendan de dos a tres horas de tiempo dedicado a la semana, con una de esas horas destinada a una clase semanal. Cuanto más puedas entrenar en casa, mejor le irá a tu perro en este deporte.

¡Tiempo de Juego! Y Más Tiempo de Juego!

"Perseguir una pelota o juguete es una buena manera de quemar esa energía, asegurándose de que el terreno sea bueno (es decir, césped o grava, no resbaladizo). Jugar a la misma hora todos los días es una buena manera de crear una rutina. Practica la 'llamada' usando un premio durante el tiempo de juego, pero no dejes de jugar. De esa manera, el cachorro no asociará ser llamado con el fin de la diversión."

Susan Norris-Jones
SunJo Shiba Inu & Japanese Chin

Foto cortesía de Buck Motzko

El hecho de que haya mal tiempo no significa que los niveles de energía de tu perro sean más bajos, o que no se aburra, por lo que deberás planificar para mantener el horario de ejercicio de tu perro constante, incluso cuando esté atrapado dentro de la casa. Por supuesto, si puedes dejar que tu perro juegue en la nieve en un patio trasero, será fantástico, ya que podrá cansarse con su entusiasmo. Durante la lluvia y el calor, necesitas encontrar las actividades adecuadas para cansar a tu canino sin salir al exterior durante períodos prolongados. Aquí hay algunas alternativas para ayudar a gastar la energía de tu Shiba Inu.

1. Deja que tu Shiba Inu persiga un puntero láser. Esto funciona para algunos Shiba Inu, pero no para todos. Si tu perro parece interesado, esto puede mantenerlo felizmente ocupado durante todo el tiempo que quiera jugar o hasta que se aburra.

2. El escondite es un juego que puedes practicar una vez que tu perro conozca el comportamiento adecuado en el hogar, ya sea que lo haga encontrarte a ti o a un juguete favorito que hayas escondido.

3. Los juguetes de rompecabezas son una excelente manera de hacer que tu perro se mueva sin que tú tengas que hacer mucho. Muchos de los juegos vienen con premios, y conociendo a los Shiba Inu, no pasará mucho tiempo antes de que tu perro descubra cómo sacar la comida del juguete, así que asegúrate de rotar varios rompecabezas durante el tiempo de juego. Usa este tipo de juguetes con moderación para evitar acumular calorías adicionales.

4. A los Shiba Inu les encanta jugar con diferentes tipos de pelotas, desde pelotas de goma hasta balones de fútbol. Ten un conjunto diferente solo para que tú y tu perro jueguen cualquier juego que a tu Shiba Inu le interese jugar. Si quieres jugar a buscar, usa una pelota pequeña. Si quieres jugar con algo más grande, hza los ajustes necesarios. Deja que tu Shiba Inu decida para qué está de humor, entonces ambos pueden divertirse.

CAPÍTULO 15
Acicalamiento – Un vínculo productivo

"Los Shiba mudan su pelaje un par de veces al año, por lo que necesitan ser cepillados con frecuencia para evitar que el pelo se adhiera a tus muebles y ropa. Su manto no requiere recortes, ya que es corto y esponjoso, y no se enreda ni se enmaraña. Su pelaje exterior áspero repele la suciedad y la lluvia, mientras que la capa interna los mantiene calientes en el frío, por lo que pueden estar al aire libre para pasear o correr por el jardín, sin necesidad de usar abrigo o suéter."

CJ Strehle
JADE Shiba Inu

Ese llamativo pelaje doble definitivamente requiere más trabajo que el acicalamiento de muchos perros pequeños y medianos, pero los Shiba Inu también son prolíficos auto-limpiadores, como los gatos. Algunos pueden ofenderse si tú sientes que necesitas limpiarlos, como si estuvieras criticando sus habilidades. A pesar de esto, tú necesitarás cortar su pelaje durante ciertas épocas del año, y ocasionalmente requieren un baño.

Comenzar sesiones regulares de acicalamiento cuando tu Shiba Inu es un cachorro hará que sea una tarea mucho más fácil en el futuro. Dado que son propensos a las alergias, es común que los Shiba Inu tengan problemas con su pelaje. El acicalamiento regular te ayudará a detectar un problema potencial en sus primeras etapas.

Debido a su popularidad, puedes encontrar muchos consejos adicionales en línea. Este capítulo proporciona una base para asegurarte de que el pelaje de tu Shiba Inu esté limpio y saludable, pero siéntete libre de buscar formas adicionales para hacer que el pelaje realmente brille si tienes tiempo para brindarle cuidados adicionales.

Herramientas de acicalamiento

No necesitas demasiadas herramientas para acicalar adecuadamente a tu Shiba Inu. Asegúrate de tener los siguientes artículos a mano antes de que llegue tu cachorro o perro adulto:

Foto cortesía de Pervie Villareal

- Un cepillo de cerdas o de púas para su pelaje
- Cepillo para la capa interna o rastrillos para subcapa (este artículo es opcional, pero puede ayudar a reducir la muda)
- Champú (consulte Barkspace para las recomendaciones más recientes para una raza con posibles afecciones cutáneas) – usa champús suaves
- Cortaúñas
- Cepillo de dientes y pasta dental (consulta la Federación Cinológica Internacional para las recomendaciones más recientes)

Manejo del pelaje

Aunque se recomienda encarecidamente el cepillado semanal para mantener controlada la muda, si comienzas a acicalar cuando tu cachorro es joven, no será una tarea tan pesada cuando sea adulto. Esto es fantástico considerando cuánto tiempo dedicarás a otras tareas, particularmente al ejercicio y al adiestramiento. Durante las temporadas de muda, querrás cepillar su pelaje con un poco más de frecuencia para ayudar a reducir la cantidad de pelo que se dispersa por tu hogar.

Cachorros

Cuando son cachorros, los pelajes de los Shiba Inu son bastante fáciles de manejar. El cepillado diario no solo puede reducir la cantidad de pelo que muda tu cachorro, sino que te ayuda a crear un vínculo con él. Sí, será un poco desafiante al principio porque los cachorros no se quedan quietos durante largos períodos. Habrá muchos movimientos e intentos de juego. Tratar de decirle a tu cachorro que el cepillo no es un juguete claramente no funcionará, así que prepárate para ser paciente durante cada sesión de cepillado.

Por otro lado, tu cachorro será tan adorable que probablemente no le importará que tome un poco más de tiempo. Y esta será una de las únicas ocasiones en que dejar que tu cachorro se siente en tu regazo no te adormecerá las piernas (probablemente intentará hacerlo cuando sea mayor, así que disfrútalo mientras dure). Solo asegúrate de hacerle saber a tu cachorro que este es un esfuerzo serio y que el juego viene después del acicalamiento. De lo contrario, tu Shiba Inu siempre intentará jugar, lo que hará que cepillarlo sea mucho más largo – potencialmente al borde de lo imposible dado lo grande que será cuando llegue a los 24 meses de edad. Planifica cepillar a tu cachorro después de una sesión vigorosa de ejercicio para que tu Shiba Inu tenga mucha menos energía para pelear o jugar.

También necesitas acostumbrar a tu cachorro a secar su pelaje. Con un manto tan grueso, debes asegurarte de que no quede mucha agua atrapada en la segunda capa. Anima a tu cachorro a sacudirse después del baño, luego sécalo con una toalla. Continúa elogiando a tu cachorro mientras hace esto, y permite algunas sesiones adicionales de sacudidas para llevar el agua a la superficie. Si tienes tiempo y deseas usar un secador de pelo, puedes hacerlo utilizando la configuración de calor bajo a medio, pero ten cuidado de no secar excesivamente ninguna parte del pelaje.

Perros adultos

"Un pelaje en buen estado es muy repelente del agua, pero si se mojan hasta la piel, es importante secarlos para evitar problemas de hongos/puntos calientes. No uses abrigos, ya que retienen el calor y la humedad. Los Shiba no necesitan protección artificial contra el clima - fueron desarrollados como cazadores resistentes al aire libre."

Susan Norris-Jones
SunJo Shiba Inu & Japanese Chin

Se recomienda el cepillado semanal debido a la cantidad de pelo que mudan los Shiba Inu; tienen dos capas, por lo que mudarán durante la primavera y el otoño cuando cambia el clima. Si adiestras correctamente a tu cachorro sobre cómo comportarse, cepillarlo será fácil cuando sea adulto.

Si adoptaste un adulto, puede tomar un tiempo para que el perro se acostumbre a ser cepillado con frecuencia. Si no puedes lograr que tu perro se sienta cómodo con el cepillado al principio, puedes incorporarlo a su horario, como el adiestramiento.

Mantén la misma rutina de secado para asegurarte de que el pelaje de tu perro no tenga demasiada agua después del baño.

Perros mayores

Al igual que las sesiones de ejercicio, el acicalamiento deberá ser más frecuente pero por períodos más cortos. Cepillar cada 2 o 3 días y enfocarse en una parte diferente del cuerpo ayudará a mantener el pelaje de tu perro bien acicalado sin hacerlo estar de pie durante largos períodos. Usa un cepillo más suave con puntas de plástico en el extremo de las cerdas porque son más suaves para la piel de tu perro.

Las sesiones de acicalamiento son una buena manera de verificar si hay problemas mientras le das a tu perro mayor un buen masaje para aliviar cualquier dolor, además de ser una excelente manera de tener tiempo dedicado juntos. Mientras cepillas a tu perro, busca cualquier cambio en la piel, como bultos o protuberancias grasosas. Estos pueden necesitar ser mencionados al veterinario durante una visita regular si son muy grandes.

Alergias

Si tu Shiba Inu está sufriendo de puntos calientes o si notas que su pelaje se está adelgazando durante las sesiones de acicalamiento, estate atento a estos otros problemas, que podrían ser un signo de alergias:

- Las heridas tardan más en sanar
- Caída del pelo
- Sistema inmunológico débil
- Infecciones de oído
- Dolor en las articulaciones

El cepillado regular asegura que tú estés más consciente del estado del pelaje de tu Shiba Inu, lo que puede ayudarte a identificar más rápidamente cuando tu perro está sufriendo de alergias. Si notas estos problemas, lleva a tu Shiba Inu al veterinario.

Hora del baño

"No los bañes con frecuencia – la piel de los Shiba no es grasienta y puede resecarse."

Susan Norris-Jones
SunJo Shiba Inu & Japanese Chin

Dado el tamaño de los Shiba Inu y sus pelajes cortos, un baño cada tres meses debería ser más que suficiente para mantener a tu perro limpio, especialmente si lo cepillas semanalmente. Establece su horario de

Foto cortesía de
Instagram@nova.inu

baño aproximadamente una vez por trimestre (cuatro veces al año), y tu perro debería estar feliz. Por supuesto, si tu Shiba Inu se ensucia (lo que puede suceder cuando sale a explorar o hacer senderismo), entonces tendrás que tomarte el tiempo para bañar a tu canino después de cada uno de estos eventos. Asegúrate de que el agua no esté fría ni caliente, sino agradablemente tibia.

1. Ten todo lo que necesitarás en un solo lugar antes de comenzar, luego verifica que tienes todo antes de traer a tu Shiba Inu. Como mínimo, necesitas lo siguiente:

   a. Champú y acondicionadores

   b. Taza para verter agua (si lo bañas en una bañera)

   c. Toallas

   d. Cepillos para después del proceso de secado

   e. Alfombrilla antideslizante para la bañera si usas una bañera

   Si bañas a tu perro al aire libre, necesitarás cubos y otros artículos.

2. Saca a tu Shiba Inu a pasear. Esto cansará a tu perro y lo hará sentir un poco más caliente, lo que hará que el baño sea menos odiado – tal vez incluso apreciado.

3. Abre el agua, asegurándote de que la temperatura sea tibia, pero no caliente, especialmente si acabas de terminar un paseo. Si lo estás bañando en una bañera, solo necesitas suficiente para cubrir hasta

Foto cortesía de
Alayne Levine

el estómago de tu perro. No cubras completamente el cuerpo de tu perro.

4. Levanta a tu perro y habla con una voz fuerte y segura – no le hables como a un bebé, tu Shiba Inu necesita un líder seguro, no ser tratado como un infante.

5. Coloca al perro en la bañera y use la taza para enjuagarlo. No uses demasiado jabón – no es necesario.

6. Habla con tu perro mientras lo bañas, teniendo en cuenta que necesita hablar con confianza, no con un tono agudo.

7. Asegúrate de no meter agua en los ojos o las orejas de tu perro. No necesitas echar agua en la parte superior de la cabeza de tu perro. Usa una mano húmeda y frota suavemente, no viertas agua sobre la cabeza de tu perro.

8. Saca a tu Shiba Inu y sécalo con una toalla. Necesitarás tomarte un buen tiempo para hacer esto debido al doble pelaje.

9. Cepilla a tu perro cuando haya terminado.

Puedes usar estas prácticas con otros tipos de baño, como al aire libre o en una instalación de lavado pública, modificándolas según las herramientas que tengas a mano.

Las primeras veces que bañes a tu perro, presta atención a las cosas que molestan o asustan a tu perro. Si tiene miedo del agua corriente, asegúrate de no tener el agua corriendo cuando tu perro esté en la bañera. Si se mueve mucho cuando comienzas a aplicar el champú, podría indicar que el olor es demasiado fuerte. Necesitas modificar el proceso para hacerlo lo más cómodo posible para tu perro.

Ten en cuenta que debes ser paciente y tranquilo durante el baño. Si te enojas o descargas tu frustración en tu perro, hará que todos los baños futuros sean mucho más difíciles, ya que tu perro comenzará a perder la confianza en ti. Esto no es una lucha por la dominancia, es una honesta falta de comprensión de por qué estás torturando a tu perro cuando él ya hace tanto para limpiarse a sí mismo. Mantén un tono tranquilo y amoroso mientras lavas a tu perro para facilitarlo un poco la próxima vez. Claro, tu Shiba Inu puede gritar, hacer una rabieta o moverse excesivamente, pero cuanto mejor lo tomes, más aprenderá el perro que es simplemente parte de estar en la manada.

Limpieza de ojos y orejas

Cuando bañes a tu Shiba Inu, ten cuidado de no meter agua en sus orejas. También debes acostumbrarte a revisar sus orejas una vez a la semana para asegurarte de que estén saludables. Puede tener alergias que hagan que el interior de sus orejas se vea rojo. Se puede usar una almohadilla tibia y húmeda en la parte superficial de la oreja. Si el enrojecimiento no mejora en un día, haz una cita para visitar al veterinario. Si ves acumulación de cera, puedes limpiarla muy suavemente. Sin embargo, nunca introduzca nada en las orejas de tu perro.

Los Shiba Inu tienen varias condiciones genéticas en los ojos (Capítulo 17), así que tómate el tiempo para revisar siempre los ojos de tu perro mientras lo acicalas. Las cataratas son un problema bastante común para todos los perros a medida que envejecen. Si ves ojos nublados, haz revisar a tu Shiba Inu. Si está desarrollando cataratas, es posible que debas llevarlo para que se las extirpen, ya que le pueden provocar ceguera.

Recorte de uñas

"Las uñas pueden ser un gran problema con los Shiba - se sienten atrapados cuando se les sujetan las patas. Comienza desde joven, y recorta las uñas cada semana. El uso de un Dremel a menudo es mejor tolerado (precaución: los tambores pueden calentarse y quemar; hay disponible un tambor de diamante que se mantiene fresco)."

Susan Norris-Jones
SunJo Shiba Inu & Japanese Chin

Cortar las uñas de los Shiba Inu puede ser difícil porque algunos tienen uñas negras o puede ser difícil determinar cuánto es demasiado, lo que significa que puedes cortar demasiado y hacer que la parte viva sangre. Es mejor que un experto corte las uñas de tu perro hasta que puedas ver cómo se hace. Si nunca has cortado las uñas de un perro antes, necesitas aprender de un profesional, ya que las uñas pueden sangrar mucho si se hace mal. Dado que puede ser difícil determinar hasta dónde llegar en las uñas de un Shiba Inu, necesitas aprender de un experto antes de intentarlo tú mismo. Si ya sabes cómo cortar las uñas de un perro, asegúrate de tener algo de polvo hemostático cerca en caso de que cortes demasiado.

Para saber cuándo tu perro necesita que le corten las uñas, presta atención cuando tu perro camine sobre superficies duras para asegurarte de que sus uñas no hagan clic. Si lo hacen, entonces deberías aumentar la frecuencia con la que le recortas las uñas a tu perro. Como regla general, se recomienda una vez al mes.

Salud bucal y cepillado de los dientes de tu perro

Los Shiba Inu necesitan que les cepillen los dientes con frecuencia para evitar problemas dentales, y probablemente querrás aprender a hacerlo tú mismo en lugar de tener que visitar una tienda una vez a la semana. También es bueno saber cómo hacerlo si su aliento huele mal o come algo que huele desagradable.

Nuevamente, tienes que aprender a ser paciente y evitar que se convierta en una pelea total con tu perro. Ser firme y constante con una buena dosis de paciencia es la manera de lograr que un Shiba Inu finalmente acepte hacer las cosas a tu manera. Siempre van a buscar formas de obtener lo que quieren, así que tienes que hacerles saber que no hay forma de evitar el cepillado, pero que no es una actividad amenazante.

Siempre usa una pasta de dientes fabricada para perros. La pasta de dientes para humanos puede ser tóxica. El sabor de la pasta de dientes para perros también facilitará el cepillado de los dientes de tu perro, o al menos será entretenido mientras intenta comérsela. Para comenzar a cepillar los dientes de tu perro:

1. Pon un poco de pasta de dientes en tu dedo y extiéndelo hacia tu perro.
2. Deja que tu perro lama la pasta de dientes.
3. Elogia a tu perro por probar algo nuevo.
4. Pon un poco de pasta de dientes en tu dedo, levanta el labio superior de tu perro y comienza a frotar en círculos a lo largo de las encías de tu Shiba Inu. Es muy probable que tu perro lo haga difícil al intentar constantemente lamer tu dedo. Elogia a tu cachorro cuando no se mueva demasiado.
   a. Trata de moverte en un movimiento circular. Esto será muy complicado, especialmente con esos afilados dientes de leche.
   b. Trata de mantener al cachorro quieto sin sujetarlo demasiado fuerte o de manera incómoda. A medida que tu cachorro crez-

ca, necesitarás que sepa cómo sentarse voluntariamente para la limpieza.

c. Trata de masajear las encías superiores e inferiores. Es probable que las primeras veces no puedas hacer mucho más que meter el dedo en la boca de tu perro, y eso está bien. Con el tiempo, tu cachorro aprenderá a escuchar a medida que el adiestramiento en otros lugares ayude a tu perro a entender cuándo estás dando órdenes.

5. Mantente positivo. No, probablemente no podrás limpiar los dientes del cachorro adecuadamente durante un tiempo, y eso está perfectamente bien siempre y cuando siga trabajando con paciencia y constancia.

Una vez que tu perro parezca estar bien con que tú le cepilles los dientes con el dedo, prueba los mismos pasos con un cepillo de dientes. Puede ser una canción y baile similar al principio, pero no debería tomar tanto tiempo. Podría tomar un par de semanas antes de que puedas graduarte a un cepillo de dientes, pero incluso si toma tanto tiempo, sigue siendo un gran momento para fortalecer el vínculo.

CAPÍTULO 16
Problemas Generales de Salud: Alergias, Parásitos y Vacunaciones

Los factores ambientales determinan en gran medida si tu perro contrae parásitos o no. Por ejemplo, si tú vives cerca de una zona boscosa, tu perro tiene un mayor riesgo de contraer garrapatas que un perro que vive en la ciudad. Consulta con tu veterinario sobre los riesgos ambientales particulares para tu perro.

El Papel de Su Veterinario

Desde la actualización de las vacunas anuales hasta los chequeos de salud, las visitas programadas regularmente al veterinario asegurarán que tu Shiba Inu se mantenga saludable. Dado que el Shiba Inu puede ser algo indiferente a la atención, es posible que te resulte un poco más difícil saber cuándo no se siente bien, hasta que sea el momento de hacer algo divertido. Si tu Shiba Inu no parece tan entusiasmado como de costumbre con los paseos, caminatas u otras actividades que normalmente disfruta, es probable que no se sienta bien. Las visitas anuales al veterinario garantizarán que no haya un problema que esté drenan-

do lentamente la energía o la salud de tu perro.

Los chequeos de salud también aseguran que tu Shiba Inu esté envejeciendo bien. Si hay síntomas tempranos de algo potencialmente problemático con tu perro a lo largo de los años (como artritis), un diagnóstico temprano le permitirá comenzar a hacer ajustes a tiempo. El veterinario puede ayudarte a encontrar formas de

Foto cortesía de Jerry Simek

manejar el dolor y los problemas que vienen con el proceso de envejecimiento y podrá recomendarte ajustes en la rutina para adaptarse al cuerpo envejecido y las capacidades disminuidas de tu canino. Esto asegurará que puedan seguir divirtiéndose juntos sin lastimar a tu perro.

Los veterinarios pueden proporcionar tratamientos y/o medicamentos preventivos para los diferentes parásitos y amenazas microscópicas que tu perro puede encontrar cuando está afuera, durante interacciones con otros perros o por exposición a animales fuera de tu hogar.

Alergias

Al igual que las personas, los perros pueden tener alergias, y los Shiba Inu a menudo se ven afectados por este problema. La dificultad radica en que puede ser complicado determinar cuándo un perro está teniendo una reacción alérgica. El nombre científico para las alergias ambientales es dermatitis atópica, pero es más difícil determinar si el problema está en el ambiente o en la comida que le estás dando a tu perro. Los síntomas tienden a ser similares en los perros para ambos tipos de alergias:

- Picazón/rascado, particularmente alrededor de la cara
- Zonas calientes (hot spots)
- Infecciones de oído
- Infecciones cutáneas
- Ojos y nariz que moquean (no común)

El aseo de tu perro es un buen momento para prestar atención a muchos de estos problemas potenciales.

Los perros a menudo desarrollan alergias cuando tienen entre 1 y 5 años de edad. Una vez que desarrollan alergias, los caninos no superan el problema. Generalmente, las alergias en perros están relacionadas con la exposición cutánea, pero algunos caninos pueden ser alérgicos a la inhalación de partículas microscópicas, como polvo, mohos y polen.

Dado que los síntomas son los mismos para las alergias alimentarias y ambientales, deberás hablar con tu veterinario para determinar la causa. Si tu perro tiene alergia alimentaria, todo lo que tienes que hacer es cambiar la comida que le das. Si tiene una alergia ambiental, necesitará medicación, al igual que los humanos. Debido a esto, querrás saber si el problema proviene de algo estacional (como el polen) o algo durante todo el año para saber cuándo tratar a tu perro.

Al igual que con los humanos, eliminar completamente el problema realmente no es alcanzable – hay un límite en lo que puedes hacer para cambiar el entorno de tu perro. Existen varios tipos de medicamentos que pueden ayudar a que tu perro sea menos sensible a los alérgenos.

- Antibacterianos/Antifúngicos – Los champús, píldoras y cremas generalmente no tratan la alergia, sino los problemas que vienen con las alergias, como infecciones bacterianas y por levaduras.

- Antiinflamatorios – Estos son medicamentos orales de venta libre que son comparables a los medicamentos para alergias para personas. Deberás tener cuidado si usas estos medicamentos, monitoreando a tu perro para ver si tiene algún efecto adverso. No comiences a darle a tu perro ningún medicamento sin consultar primero con el veterinario. Si tu perro tiene una mala reacción, como letargo, diarrea o deshidratación, debes consultar con tu veterinario.

- Inmunoterapia – Una serie de inyecciones puede ayudar a reducir la sensibilidad de tu perro a aquello a lo que es alérgico. Esto es algo que puedes hacer en casa, por lo que no necesitarás llevar a tu perro al veterinario para completar la serie. Aprende cómo administrar las inyecciones de tu veterinario, y luego puedes averiguar cómo obtener las inyecciones por tu área. Los científicos también están desarrollando una versión oral del medicamento para facilitar el cuidado de tu perro.

- Tópicos – Este medicamento tiende a ser un tipo de champú y acondicionador que eliminará cualquier alérgeno del pelaje de tu perro. Darle a tu perro un baño tibio (no caliente) también puede ayudar a aliviar la picazón.

Habla con tu veterinario sobre los medicamentos disponibles para tu perro para determinar el mejor tratamiento para su situación y las necesidades de tu Shiba Inu.

Alergias Inhalantes y Ambientales

Las alergias inhalantes son causadas por cosas como polvo, polen, mohos e incluso caspa de perro. La reacción de un perro tiende a ser diferente a la de una persona. En lugar de estornudar y tener la nariz que moquea, los perros tienden a tener más picazón en la piel como causa de una alergia. Tu perro podría rascarse en un punto caliente particular o podría comenzar a frotarse los ojos y las orejas. Algunos perros tienen la nariz que moquea y estornudan profusamente, pero esto suele ser además de rascarse.

Alergias por Contacto

Las alergias por contacto indican que tu perro ha tocado algo que desencadena una reacción alérgica. Cosas como la lana, los químicos en un tratamiento para pulgas y ciertos tipos de hierba pueden desencadenar irritación en la piel de un perro, incluso causando decoloración. Si no se trata, la reacción alérgica puede comenzar a emitir olores fuertes y causar pérdida de pelo.

Al igual que las alergias alimentarias, las alergias por contacto son fáciles de tratar porque una vez que sabes qué está irritando la piel de tu perro, puedes eliminar el problema.

Foto cortesía de Cheryl Carleton

Pulgas y Garrapatas

Dado lo mucho que a los Shiba Inu les encanta estar al aire libre, están en un riesgo mucho mayor de garrapatas y pulgas que muchos otros perros, y ninguno de estos parásitos es fácil de ver porque un Shiba Inu tiene un pelaje oscuro. Por lo tanto, no puedes permitir ningún lapso en el tratamiento contra pulgas y garrapatas, incluso en invierno.

Haz un hábito de revisar si hay garrapatas después de cada salida al bosque, o cerca de hierba alta o plantas silvestres. Peina el pelaje de tu perro y revisa su piel en busca de irritación y parásitos. Como lo harás con frecuencia, deberías poder notar cuando hay un cambio, como un nuevo bulto, por ejemplo. Como tu perro estará muy feliz de pasar tiempo contigo, la revisión de la piel no debería llevar mucho tiempo.

Las pulgas son problemáticas porque son mucho más móviles que las garrapatas. La mejor manera de buscar pulgas es hacerlo como parte regular de sus sesiones de cepillado. También puedes buscar indicadores de comportamiento, como rascado y lamido incesantes. Necesitarás usar productos preventivos contra pulgas de manera regular una vez que tu cachorro alcance una edad apropiada.

La FDA ha emitido una advertencia sobre algunos tratamientos comprados en tiendas. Ya sea que busque comprar tratamientos que deben aplicarse mensualmente o un collar para protección constante, debes verificar si el tratamiento contiene isoxazolina (incluida en Bravecto, Nexgard, Credelio y Simparica) porque este ingrediente puede tener un efecto adverso en las mascotas. Si bien otros ingredientes son seguros para las mascotas cuando se usan en las dosis adecuadas, si usas un producto destinado a un perro más grande, puede ser tóxico para tu perro. Consulta con tu veterinario sobre los tratamientos recomendados para asegurarte de obtener la dosis correcta de repelente de pulgas y garrapatas para el tamaño y las necesidades de tu perro. Cuando comiences a aplicar el tratamiento, monitorea a tu perro para detectar los siguientes problemas:

- Diarrea/vómitos
- Temblores
- Letargo
- Convulsiones

Lleva a tu perro al veterinario si notas alguno de estos problemas.

Nunca uses ningún producto diseñado para un perro en un gato o viceversa. Si tu perro está enfermo, embarazada o amamantando, es posible que debas buscar un tratamiento alternativo. Los collares antipulgas generalmente no se recomiendan porque se sabe que causan problemas en mascotas y personas. Si tienes un gato o niños pequeños, debes elegir una de las otras opciones para mantener las pulgas y garrapatas alejadas de tu perro. Esto se debe a que los collares antipulgas contienen un ingrediente que es letal para los felinos y que se cree que podría ser carcinogénico para los humanos.

Cuando compres un tratamiento contra pulgas, asegúrate de leer el empaque para averiguar cuál es el momento adecuado para comenzar a tratar a tu perro según su edad y tamaño actuales. Diferentes marcas tienen diferentes recomendaciones, y no querrás comenzar a tratar a tu cachorro demasiado temprano. También hay pasos muy importantes para aplicar el tratamiento. Asegúrate de comprender todos los pasos antes de comprar el tratamiento contra pulgas.

Si deseas utilizar productos naturales en lugar de químicos, reserva unas horas para investigar las alternativas y descubrir qué funciona mejor para tu Shiba Inu. Verifica que cualquier producto natural funcione antes de comprarlo y asegúrate de consultar con tu veterinario. Establecer un horario regular y agregarlo al calendario te ayudará a recordar tratar a tu perro de manera constante cada mes.

Gusanos Parásitos

Aunque los gusanos son un problema menos común que las pulgas y las garrapatas, pueden ser mucho más peligrosos. Tu perro puede enfermarse por gusanos que son transportados por pulgas y garrapatas. Hay varios tipos de gusanos de los que debe estar consciente:

- Gusanos del corazón
- Anquilostomas
- Lombrices intestinales
- Tenias
- Tricocéfalos

Desafortunadamente, no hay un conjunto de síntomas fáciles de reconocer que ayuden a identificar cuando tu perro tiene gusanos. Sin embargo, puedes estar atento a estos síntomas, y si tu perro los muestra, programa una visita al veterinario.

- Tu Shiba Inu está inesperadamente letárgico durante al menos unos días.
- Parches de pelaje comienzan a caerse: esto será notable si cepillas a tu Shiba Inu regularmente, o si notsa espacios irregulares en el pelaje de su perro.
- El estómago de tu perro se distiende (se expande) y parece una barriga hinchada.

- Tu Shiba Inu comienza a toser, vomitar, tiene diarrea o pierde el apetito.

Si no estás seguro sobre algún síntoma, siempre es mejor acudir al veterinario lo antes posible para verificar.

Gusanos del Corazón

Los gusanos del corazón son una amenaza significativa para la salud de tu perro y pueden ser mortales, ya que pueden ralentizar y detener el flujo sanguíneo. Debes tratar activamente a tu perro con protección contra gusanos del corazón para asegurarte de que este parásito no tenga un hogar en tu perro.

Afortunadamente, los gusanos del corazón se encuentran entre los problemas de salud más fáciles de prevenir. Existen medicamentos que pueden asegurar que tu Shiba Inu no contraiga gusanos del corazón. Para prevenir este problema tan grave, puedes darle a tu perro un medicamento masticable, medicina tópica o puedes solicitar inyecciones.

Este parásito en particular es transportado por mosquitos, que son casi imposibles de evitar en muchas regiones del mundo con climas templados y húmedos. Dado que los gusanos del corazón son potencialmente mortales, tomar medidas preventivas es esencial.

Si un perro tiene gusanos del corazón, la condición es costosa y requiere mucho tiempo para tratar y curar, pero valdrá la pena todo el trabajo debido a lo increíbles que son los perros.

1. El veterinario primero extraerá sangre para realizar pruebas, que pueden costar hasta 1.000 euros.
2. El tratamiento comenzará con algunos medicamentos iniciales, incluidos antibióticos y medicamentos antiinflamatorios.
3. Después de un mes de la medicación inicial, tu veterinario le dará a tu perro tres inyecciones en el transcurso de dos meses.

Desde el momento en que el veterinario confirma que tu perro tiene gusanos del corazón hasta que dice que tu perro está libre del parásito, debes mantener a tu perro tranquilo. Tu veterinario te dirá cómo ejercitar mejor a tu canino durante este tiempo. Considerando que es probable que tu Shiba Inu sea enérgico, este será un momento muy difícil tanto para ti como para tu perro. Deberás tener cuidado cuando tu perro haga ejercicio porque los gusanos están en el corazón de tu perro, inhibiendo el flujo sanguíneo. Por lo tanto, hacer que el corazón de tu perro bombee demasiado puede matarlo.

El tratamiento continuará después de que se completen las inyecciones. Después de aproximadamente 6 meses, tu veterinario realizará otra prueba de sangre para asegurarse de que los gusanos se hayan ido.

Una vez que tu perro esté libre de los parásitos, deberás estar atento a medicar a tu perro contra los gusanos del corazón. Quieres asegurarte de que tu pobre amiguito no sufra eso nuevamente. Habrá daño duradero en el corazón de tu perro, por lo que deberás asegurarte de que no haga ejercicio en exceso.

Gusanos Intestinales: Anquilostomas, Lombrices Intestinales, Tenias y Tricocéfalos

Estos cuatro gusanos prosperan en el tracto intestinal de tu perro, y llegan allí cuando come algo contaminado con ellos. Las siguientes son las formas más comunes en que los perros ingieren gusanos:

- Heces
- Pequeños huéspedes, como pulgas, cucarachas, lombrices de tierra y roedores
- Suelo, incluyendo lamerlo de su pelaje y patas
- Agua contaminada
- Leche materna (si la madre tiene gusanos, puede transmitirlos a los cachorros pequeños cuando comen)

Los siguientes son los síntomas y problemas más comunes causados por parásitos intestinales:

- Anemia
- Pérdida de sangre
- Tos
- Deshidratación
- Diarrea
- Inflamación del intestino grueso
- Pérdida de peso

Si un perro descansa en suelo con larvas de anquilostomas, el parásito puede perforar la piel del canino. Los veterinarios realizarán una prueba diagnóstica para determinar si tu perro tiene este parásito. Si tu perro tiene anquilostomas, tu veterinario le recetará un desparasitante. Tú debes visitar a un médico también porque los humanos también pueden contraer anquilostomas.

Las lombrices intestinales son algo así como las pulgas en el sentido de que son muy comunes, y en algún momento de sus vidas, la mayoría de los perros tienen que ser tratados por ellas. Principalmente comen los alimentos digeridos en el estómago de tu perro, obteniendo los nutrientes que tu perro necesita. Es posible que las larvas permanezcan en tu perro incluso después de que todos los gusanos adultos hayan sido errad-

*Foto cortesía de
Sophie Riggs*

icados. Las madres pueden transmitir estas larvas a sus cachorros. Esto significa que si tienes una Shiba Inu embarazada, deberás hacer que tus cachorros sean revisados periódicamente para asegurarte de que las larvas inactivas no se transmitan a los cachorros. La madre también deberá someterse a las mismas pruebas para asegurarse de que no la enfermen. Además de los síntomas enumerados anteriormente, tu Shiba Inu puede parecer tener una barriga hinchada. También puedes ver los gusanos en los excrementos o vómito de su perro.

Las tenias generalmente se ingieren cuando son huevos, generalmente transportados por pulgas o de las heces de otros animales que tienen tenias. Se desarrollan en el intestino delgado del canino hasta que son adultos. Con el tiempo, partes de la tenia se desprenderán y se harán evidentes en los desechos de tu perro, que deben limpiarse cuidadosamente para evitar que otros animales contraigan tenias. Si bien las tenias generalmente no son fatales, pueden causar pérdida de peso mientras le dan a tu perro una barriga hinchada (dependiendo de qué tan grandes se vuelvan los gusanos en los intestinos de tu perro).

Tu veterinario puede examinar a tu perro para ver si tiene tenias, y le recetará un medicamento que puedes darle a tu perro, incluidos masticables, tabletas o un medicamento que puedes espolvorear en la comida de tu perro. Existe un bajo riesgo de que los humanos contraigan tenias, siendo los niños los que corren mayor riesgo debido a la probabilidad de que jueguen en áreas donde hay desechos de perros y luego no se laven las manos con suficiente cuidado después. Es posible contraer tenias si una persona traga una pulga, lo que es posible si tu perro y su hogar tienen una infestación grave.

Los tricocéfalos crecen en el intestino grueso, y en grandes cantidades pueden ser fatales. Su nombre es indicativo de su apariencia, con sus colas apareciendo más delgadas que la sección superior. Al igual que con los otros gusanos, deberás hacer que tu perro sea examinado para determinar si parece estar enfermo.

Mantenerte al día con los tratamientos contra pulgas, asegurarte de que las personas recojan los desechos de sus mascotas y vigilar para asegurarte de que tu Shiba Inu no coma basura o desechos de animales son las mejores medidas preventivas para mantener a tu perro a salvo de contraer estos parásitos.

Si tu perro tiene anquilostomas o lombrices intestinales, estos pueden transmitirse a ti desde tu perro a través del contacto con la piel. Ser tratado al mismo tiempo que tu Shiba Inu puede ayudar a detener el ciclo vicioso de cambiar continuamente cuál de ustedes tiene gusanos.

Las medidas preventivas contra todos estos gusanos pueden incluirse con el medicamento preventivo para los gusanos del corazón. Habla con tu veterinario sobre las diferentes opciones para evitar que su mascota sufra alguno de estos problemas de salud.

Vacunando a Su Shiba Inu

Los calendarios de vacunación son casi universales para todas las razas de perros, incluido el Shiba Inu. La siguiente lista puede ayudarte a asegurar que tu Shiba Inu reciba las vacunas necesarias según el calendario. Asegúrate de agregar esto a tu calendario. Como recordatorio, no se deben administrar vacunas durante la primera visita al veterinario. Tu nuevo perro ya tiene suficiente estrés con todos los cambios en su vida sin agregar posibles enfermedades. Si tu cachorro debe recibir más vacunas poco después de llegar a tu hogar, esa visita debe programarse por separado, una vez que tu cachorro se sienta más cómodo en tu hogar.

La siguiente tabla proporciona detalles sobre qué vacunas deben administrarse y cuándo.

Cronograma	Vacunación		
6 a 8 semanas	Bordetella	Leptospira	DHPP – Primera vacuna
	Lyme	Virus de la Influenza H3N8	Virus de la influenza H3N2

	Leptospira	DHPP – Segunda vacuna	Rabia
10 a 12 semanas	Lyme	Virus de la Influenza H3N8	Virus de la influenza H3N
14 a 16 semanas	DHPP – Tercera vacuna		
	Leptospira	Bordetella	Rabia
Anualmente	Lyme	Virus de la Influenza H3N8	Virus de la influenza H3N2
Cada 3 años	Refuerzo DHPP	Rabia (si se elige la vacunación de mayor duración)	

Estas vacunas protegen a tu perro contra una variedad de dolencias. Ten en cuenta que deberás hacer de las vacunas una parte anual de las visitas de tu perro al veterinario para que puedas continuar manteniendo a tu cachorro seguro. Si deseas obtener más información sobre las enfermedades contra las que protegen estas vacunas a tu perro, consulta el Canine Journal. Proporcionan detalles sobre las dolencias y otra información que puede ayudarte a comprender por qué es tan importante mantenerse al día con las vacunas.

Alternativas Holísticas

Querer mantener a un perro alejado de mucha exposición a tratamientos químicos tiene sentido, y hay muchas buenas razones por las que las personas están cambiando a métodos más holísticos. Sin embargo, hacer esto requiere mucha más investigación y monitoreo para asegurar que los métodos estén funcionando – y lo más importante, que no dañen a tu perro. Las medicinas holísticas no verificadas pueden ser una pérdida de dinero, o peor aún, incluso pueden ser perjudiciales para tu mascota.

Si decides optar por medicamentos holísticos, habla con tu veterinario sobre sus opciones. También puedes buscar expertos en Shiba Inu para ver qué recomiendan antes de comenzar a usar cualquier método que te interese probar. Lee lo que los científicos han dicho sobre el medicamento que estás considerando. Existe la posibilidad de que los productos que compras en una tienda sean en realidad mejores que algunos medicamentos holísticos.

Asegúrate de ser minucioso en tu investigación y de no correr riesgos innecesarios con la salud de tu Shiba Inu.

CAPÍTULO 17
Problemas de Salud Genéticos Comunes en el Shiba Inu

«Los Shibas pueden tener rótulas sueltas (articulaciones de la rodilla), lo que causa cojera en los cuartos traseros, glaucoma, que puede causar ceguera, y displasia de cadera. Los buenos criadores examinan a todos sus ejemplares reproductores para detectar estas anomalías, por lo que debes elegir un criador concienzudo y conocedor».

CJ Strehle
JADE Shiba Inu

Todos los perros de raza pura tienen enfermedades genéticas, incluso el Shiba Inu. A pesar de esto, dado que han existido durante milenios, son una raza pura increíblemente saludable. Esto se debe en gran parte a lo cautelosos que fueron los criadores cuando rescataron la raza del borde de la extinción. También aprendieron una valiosa lección sobre la mejor manera de garantizar que los perros nazcan sanos. Los buenos criadores ofrecen garantías (Capítulo 3) para asegurar que sus cachorros puedan ser devueltos si presentan alguno de los problemas genéticos conocidos de la raza. Para cumplir con los requisitos de estas garantías, debes conocer los problemas y sus síntomas. Cuanto antes comiences a contrarrestar cualquier problema potencial, más saludable es probable que sea tu Shiba Inu.

Los criadores deberían poder proporcionar registros de salud además de cualquier registro de vacunación y pruebas requeridas. Asegurarte de que los padres estén sanos aumenta la probabilidad de que tu cachorro permanezca saludable durante toda su vida. Sin embargo, todavía existe la posibilidad de que tu perro tenga uno de estos problemas documentados incluso si los padres no los tienen, por lo que aún deberás vigilar a tu amigo.

Como hemos señalado anteriormente, el problema más común para el Shiba Inu son las alergias. El Capítulo 16 proporciona más detalles sobre qué buscar en las alergias. Este capítulo se centra específicamente en otros problemas hereditarios potenciales.

Foto cortesía de
Kristi Wiegraffe

Displasia de Cadera y Codo

La displasia de cadera y codo es un problema común en los perros, especialmente aquellos que tienen antecedentes de trabajo. La dieta de un perro (Capítulo 13) durante su etapa de cachorro puede ayudar a minimizar los problemas cuando se convierte en adulto. Ambos tipos de displasia son resultado de la malformación de las cavidades de la cadera y la pata del perro, lo que a menudo conduce a la artritis a medida que el ajuste inadecuado daña el cartílago. La condición es posible detectarla cuando un perro se convierte en adulto, mediante radiografías.

La displasia es un problema que tu Shiba Inu puede intentar ocultar porque no querrá reducir su ritmo. Tu perro adulto caminará un poco más rígido, o puede jadear incluso cuando no hace calor. La condición generalmente se vuelve más obvia a medida que un perro se acerca a sus años dorados, similar a cómo las personas mayores tienden a cambiar su forma de andar para acomodar el dolor. Levantarse puede volverse más difícil a medida que su perro envejece.

Si bien la cirugía es una opción en casos graves, la mayoría de los perros pueden beneficiarse de un tratamiento menos invasivo:

- Medicamentos antiinflamatorios – consulta con tu veterinario (los perros no deben tomar dosis grandes de medicamentos antiinflamatorios a diario, ya que estos pueden dañar los riñones de tu perro)
- Reduzce la cantidad de ejercicio de alto impacto que realiza tu perro, especialmente en pisos de madera, baldosas, concreto u otras superficies duras (puedes cambiar a actividades que lo mantengan activo sin los movimientos bruscos de caminar y trotar sobre superficies duras).
- Modificadores de fluido articular ingeribles, como golosinas con glucosamina
- Fisioterapia (como hidroterapia donde tu perro camina en una cinta mientras está en el agua), lo cual deberás discutir con tu veterinario
- Pérdida de peso (para perros con sobrepeso u obesidad)

Luxación Patelar

El Shiba Inu puede sufrir de luxación patelar, también llamada rótulas deslizantes. Cuando las rótulas no encajan correctamente en las cavidades, las patas traseras pueden tener algunos problemas menores. En la mayoría de los casos, la luxación patelar no es un problema grave y no

*Foto cortesía de
Inger Lise Fløtten*

se cree que cause mucho dolor. Sin embargo, ocasionalmente requerirá cirugía para corregir el desplazamiento repetido de la rótula.

Si tu Shiba Inu ocasionalmente parece sentir dolor al caminar o llora cuando sale a correr, esto podría ser un signo de la condición. Tienden a levantar la pata afectada durante un corto período de tiempo tratando de aliviar el dolor. Puede ser difícil de detectar a menos que tenga un caso más grave, particularmente a medida que tu perro envejece.

Problemas Oculares

«El glaucoma es un problema muy serio y doloroso; desafortunadamente, generalmente es una enfermedad de aparición tardía y no se manifiesta hasta los 8 años o más».

Susan Norris-Jones
SunJo Shiba Inu & Japanese Chin

Los ojos marrones en forma de almendra del Shiba Inu reflejan su intensa inteligencia y cálculos del mundo que los rodea, pero esos hermosos ojos también tienen varios problemas hereditarios. Afortunadamente, por lo general no son graves.

Foto cortesía de Brooke Steinbach

Entropión

El entropión ocurre cuando los párpados del perro se enrollan hacia adentro, dañando la córnea a medida que las pestañas la raspan. La cirugía correctiva que soluciona este problema puede causar otro trastorno ocular, el ectropión. Esto ocurre cuando el párpado inferior cae de modo que se puede ver el tejido rosado suave debajo del ojo. Si bien el ectropión no es un problema grave (los perros basset hound viven con él como parte natural de su estructura facial), aumenta la probabilidad de infecciones oculares.

Microftalmia

Este no es un problema común, pero en ocasiones, algunos cachorros nacen con ojos pequeños, llamados microftalmia. En la mayoría de los casos, estos perros son ciegos, y es poco probable que un criador respetable entregue estos cachorros en adopción.

Infecciones Fúngicas de Oído

Los oídos de los perros pueden crear un lugar oscuro y cálido para que prosperen hongos, levaduras y bacterias. Las alergias pueden ser un factor contribuyente importante, pero todos los perros están en riesgo de estos tipos de infecciones. Es por eso que es absolutamente esencial que no permitas que las orejas de tu perro se mojen durante el baño, y debes monitorear la salud de sus oídos. Estate atento a los siguientes problemas en las orejas de tu perro:

- Secreción coloreada (particularmente marrón o sanguinolenta)
- Hinchazón y enrojecimiento
- Formación de costras en la piel de la oreja
- Rascarse la oreja o sacudir la cabeza con frecuencia
- Pérdida de audición o equilibrio
- Caminar en círculos (más allá de lo habitual para inspecciones de baño o anidación antes de acostarse)

Si notas alguno de estos síntomas, lleva a tu perro al veterinario, incluso si los síntomas parecen leves. Hay una serie de tratamientos diferentes disponibles, dependiendo de la gravedad de la condición. Por lo general, se recomendará una crema antimicótica, pero problemas más graves (como una infección en el oído medio) podrían requerir inyecciones o cirugía.

Foto cortesía de
Reagan Smith

Si tu perro sufre de infecciones fúngicas crónicas en los oídos, es probable que tu veterinario te recomiende un limpiador de oídos diseñado para prevenir el problema o una solución que mantendrá el área seca.

Errores Comunes de los Propietarios

Además de los problemas genéticos, hay cosas que puedes hacer que podrían dañar la salud de tu perro relacionadas con la dieta y los niveles de ejercicio. En los primeros días, es un equilibrio difícil de lograr ya que tu cachorro es exuberante y juguetón. Incluso cuando es un perro completamente desarrollado, debes asegurarte de minimizar la cantidad de estrés que se ejerce sobre el cuerpo de tu Shiba Inu. El control de peso es una forma importante de mantener a tu perro saludable. Debes asegurarte de que tu perro esté recibiendo la nutrición adecuada para su nivel de actividad para evitar que tenga un mayor riesgo de exacerbar la displasia de cadera y codo.

No notar los primeros signos de problemas potenciales puede ser perjudicial, incluso fatal. Si en algún momento notas cambios extraños en el comportamiento de tu perro, llévalo al veterinario. Al ser una raza bastante saludable, un comportamiento extraño en un Shiba Inu es probablemente un signo de algo que debería revisarse.

Prevención y Monitoreo

La tendencia reciente de Shiba Inu con sobrepeso "adorables" ha llamado la atención sobre los riesgos potenciales para la salud que este tipo de tendencia puede causar. Esta es una raza que ya es adorable por sí misma, por lo que no debes sacrificar la salud de tu perro en nombre de lo lindo. En cambio, tómate un tiempo extra para entrenar a tu perro para que haga algo adorable. Esto es más saludable y más divertido.

Es importante monitorear el peso de tu Shiba Inu al menos una vez por trimestre o dos veces al año. Siendo la displasia de cadera y codo un problema genético real, el peso adicional solo empeorará las cosas. Es probable que tu veterinario hable contigo si tu perro tiene sobrepeso porque esto no solo ejerce presión sobre las patas, articulaciones y músculos del perro, sino que también puede tener efectos adversos en el corazón, el flujo sanguíneo y el sistema respiratorio de tu perro. Asegúrate de hablar con tu veterinario si notas que tu Shiba Inu tiene algún problema. Esas visitas regulares al veterinario pueden ayudarte a abordar problemas que quizás no consideres tan importantes. A veces, los síntomas que nota son un signo de un problema futuro.

CAPÍTULO 18
El Shiba Inu en su vejez

La mayoría de los Shiba Inu viven entre 12 y 15 años, por lo que probablemente tendrás un buen número de años con tu pequeño e independiente compañero. Incluso ha habido casos en los que Shiba Inu bien cuidados han vivido más de 2 décadas –actualmente un Shiba Inu ostenta el récord del perro más longevo (alcanzando los 26 años de edad). Aunque esto es mucho más que la norma, demuestra que con los cuidados adecuados, tu Shiba Inu puede vivir una vida larga y feliz.

En algún momento notarás que tu Shiba Inu está disminuyendo su ritmo, lo que indica que tu pequeño amigo está empezando a sentir la edad en sus huesos. Esto suele ocurrir alrededor de los 9 o 10 años. Un perro puede mantenerse saludable toda su vida, pero su cuerpo ya no podrá realizar las mismas actividades a medida que los años empiezan a pasar factura. Los cambios necesarios conforme tu perro envejece se basarán en las necesidades específicas de tu Shiba Inu. Las primeras señales suelen ser un andar más rígido o cuando comienza a jadear más intensamente al principio de los paseos o trotes. Si observas esto, empieza a reducir los trotes, o deja de trotar y opta por paseos más enérgicos. Es probable que tu Shiba Inu quiera seguir siendo activo, lo que significa que tú deberás asegurarte de que los niveles de actividad no se detengan, solo ajustar el tipo de actividades que realizan.

Su horario va a necesitar cambios a medida que tu canino disminuye su ritmo. Ten cuidado de asegurarte de que tu perro no se esfuerce demasiado, ya que los Shiba Inu pueden estar tan concentrados en mantenerse activos que no se dan cuenta de que se están lastimando y necesitan descansar. Al ser un perro increíblemente independiente, tu Shiba Inu realmente no va a querer aceptar que las cosas están cambiando y que no podrá controlarlo.

Hay una razón por la que estos se llaman los años dorados – puedes disfrutarlos realmente con tu perro. Ya no tienes que preocuparte tanto de que destroce cosas por aburrimiento o se sobreexcite durante los paseos. Puedes disfrutar de tardes tranquilas y fines de semana pacíficos con algo de ejercicio menos extenuante para romper la rutina diaria. Es fácil hacer que los años de vejez sean increíblemente agradables tanto para tu Shiba Inu como para ti realizando los ajustes necesarios.

Desafíos en el cuidado del perro senior

En la mayoría de los casos, cuidar de un perro mayor es mucho más sencillo que cuidar de un perro joven, y los Shiba Inu no son una excepción.

Las adaptaciones que debes hacer para tu Shiba Inu senior incluyen:

- Colocar recipientes de agua en varios lugares diferentes para que tu perro pueda acceder a ellos fácilmente cuando lo necesite.

- Cubrir las superficies duras del suelo (como baldosas, madera y vinilo). Utiliza alfombras o tapetes antideslizantes.

- Añadir cojines y camas más suaves para tu Shiba Inu. Esto hará que la superficie sea más cómoda. Existen calentadores de cama para perros si tu Shiba Inu muestra frecuentemente dolores en articulaciones o músculos. Por supuesto, también debes asegurarte de que no tenga demasiado calor, por lo que puede ser un delicado equilibrio.

Foto cortesía de Cheryl Carleton

- Para mejorar su circulación, aumenta la frecuencia con la que cepillas a tu Shiba Inu.

- Permanece en el interior durante calor o frío extremos. Tu Shiba Inu es resistente, pero un canino anciano no puede manejar los cambios extremos tan bien como antes.

- Utiliza escaleras o rampas para tu Shiba Inu siempre que sea posible, de modo que el viejo perro no tenga que intentar saltar.

- Evita mover sus muebles, particularmente si tu Shiba Inu muestra signos de tener problemas con la vista o tiene demencia. Un hogar familiar es más reconfortante y menos estresante a medida que tu mascota envejece. Si tu Shiba Inu no puede ver con la misma clari-

Foto cortesía de Miriam Jamison

dad que antes, mantener el hogar familiar le facilitará moverse sin lastimarse.

- Si tiene escaleras, considera establecer un área donde tu perro pueda permanecer sin tener que subirlas y bajarlas con demasiada frecuencia.

- Crea un espacio donde tu Shiba Inu pueda relajarse con menos distracciones y ruidos. No hagas que tu viejo amigo se sienta aislado, pero dale un lugar para alejarse de todos si necesita estar solo.

- Estate preparado para dejar salir a tu perro con más frecuencia para sus necesidades fisiológicas.

Trastornos físicos comunes relacionados con el envejecimiento

Los capítulos anteriores cubren enfermedades que son comunes o probables en un Shiba Inu, pero la vejez tiende a traer una serie de dolencias que no son particulares de ninguna raza específica. Aquí están las cosas a las que deberás estar atento (además de hablar con tu veterinario sobre ellas).

- La artritis es probablemente la dolencia más común en cualquier raza de perro, y el Shiba Inu no es una excepción. Si tu perro muestra signos de rigidez y dolor después de actividades normales, habla con tu veterinario sobre formas seguras de ayudar a minimizar el dolor y la incomodidad de esta dolencia articular común.

- La enfermedad de las encías es un problema común en perros mayores, y debes ser tan vigilante con el cepillado de sus dientes cuando tu perro envejece como a cualquier otra edad. Una revisión regular de los dientes y encías de tu Shiba Inu puede ayudar a garantizar que esto no se convierta en un problema.

- La pérdida de visión o ceguera es relativamente común en perros mayores, al igual que en los humanos. Haz revisar la visión de tu perro al menos una vez al año y con más frecuencia si es obvio que su vista está fallando.

- La enfermedad renal es un problema común en perros mayores, y uno que debe vigilar a medida que tu Shiba Inu envejece. Si tu canino está bebiendo con más frecuencia y tiene accidentes regularmente, lleva a tu Shiba Inu al veterinario lo antes posible y haz que lo examinen para detectar enfermedad renal.

- La diabetes es probablemente la mayor preocupación para una raza que ama comer tanto como tu Shiba Inu, incluso con 2 horas de ejercicio diario durante la mayor parte de la vida adulta del per-

Foto cortesía de
Ryan N Rodriguez

ro. Aunque la diabetes generalmente se considera una condición genética, cualquier Shiba Inu puede volverse diabético si no se alimenta y ejercita adecuadamente. Esta es otra razón por la que es tan importante tener cuidado con la dieta y los niveles de ejercicio de tu Shiba Inu.

Escalones, rampas y sillas de ruedas

No deberías levantar a tu Shiba Inu para llevarlo escaleras arriba o ponerlo en el coche – él todavía quiere ser independiente, además de que potencialmente puedes causarle daño al levantarlo. Los escalones y las rampas son la mejor manera de garantizar de forma segura que tu Shiba Inu pueda mantener cierto nivel de autosuficiencia a medida que envejece. Además, el uso de escalones y rampas proporciona un poco de ejercicio adicional.

Visitas al veterinario

A medida que tu Shiba Inu envejece, notarás la disminución de su ritmo, y el dolor en el cuerpo de tu Shiba Inu será obvio, al igual que en una persona mayor. Asegúrate de tener visitas regulares con tu veterinario para garantizar que no estás haciendo nada que pueda dañar potencialmente a tu Shiba Inu. Si tu Shiba Inu tiene una dolencia o condición debilitante, es posible que desees discutir las opciones para asegurar una mejor calidad de vida para él, como ruedas si las patas de tu Shiba Inu comienzan a tener problemas serios.

La importancia de las visitas veterinarias regulares y qué esperar

Así como los humanos visitan al médico con más frecuencia a medida que envejecen, deberás llevar a tu perro a ver a su veterinario con mayor frecuencia. El veterinario puede asegurarse de que tu Shiba Inu se mantenga activo sin excederse, y que no haya estrés innecesario en tu perro mayor. Si tu canino ha sufrido una lesión y la ha ocultado de ti, es más probable que tu veterinario la detecte.

Tu veterinario también puede hacer recomendaciones sobre actividades y cambios en su horario basándose en las capacidades físicas de tu Shiba Inu y cualquier cambio en su personalidad. Por ejemplo, si tu Shiba Inu jadea más ahora, podría ser un signo de dolor por rigidez. Esto podría ser difícil de distinguir dado lo mucho que jadean los Shiba Inu por regla general, pero si ves otros signos de dolor, programa una visita con el veterinario. Tu veterinario puede ayudarte a determinar la mejor manera de mantener a tu Shiba Inu feliz y activo durante los últimos años.

Lo siguiente son los tipos de cosas que puedes esperar cuando vayas al veterinario.

- Tu veterinario va a hablar sobre el historial de tu perro, incluso si has visitado cada año. Esta conversación es necesaria para ver cómo han ido las cosas o si algún posible problema ha comenzado a manifestarse o ha empeorado.
- Mientras conversan, tu veterinario probablemente realizará un examen físico completo para evaluar la salud de tu perro.
- Dependiendo de la edad de tu perro y el tipo de salud en que se encuentre, tu veterinario puede querer realizar diferentes pruebas. Las siguientes son algunas de las pruebas más comunes para perros mayores.
  - Prueba de enfermedades transmitidas por artrópodos, que implica extraer sangre y analizarla para detectar infecciones virales
  - Análisis químico para evaluación de riñones, hígado y azúcar
  - Hemograma completo
  - Flotación fecal, que implica mezclar las heces de tu perro con un líquido especial para detectar lombrices y otros parásitos
  - Prueba de gusano del corazón
  - Análisis de orina, que examina la orina de tu perro para verificar la salud de los riñones y el sistema urinario de tu perro
- El chequeo rutinario de bienestar que el veterinario ha estado realizando a tu perro durante años
- Cualquier prueba específica para la raza de tu Shiba Inu envejecido

Cambios a los que debe estar atento

Estate atento a diferentes signos que indiquen que tu perro está disminuyendo su ritmo. Esto te ayudará a saber cuándo ajustar la configuración alrededor de tu hogar y reducir cuánto está ejercitándose tu viejo perro.

Apetito y requerimientos nutricionales

Con menos ejercicio, tu perro no necesita tantas calorías, lo que significa que debes ajustar la dieta de tu perro. Si optas por alimentar a tu

Shiba Inu con comida comercial para perros, asegúrate de cambiar a una comida para perros senior. La comida para perros senior está diseñada para las cambiantes necesidades dietéticas de los perros mayores, con menos calorías y más nutrientes que el cuerpo del perro mayor necesita.

Si tú preparas la comida de tu Shiba Inu, habla con tu veterinario y tómate el tiempo para investigar la mejor manera de reducir las calorías sin sacrificar el sabor. Tu canino va a necesitar menos grasa en su comida, por lo que es posible que necesites encontrar algo más saludable que todavía tenga mucho sabor para complementar los tipos de alimentos que le diste a tu Shiba Inu cuando era cachorro o perro adulto activo.

Ejercicio

Dado que los Shiba Inu son tan sociables, estarán tan felices con atención tuya extra como lo estaban con el ejercicio cuando eran más jóvenes. Si hace menos exigencias, disminuye el número de paseos, o de alguna manera cambia la rutina, tu Shiba Inu se adaptará rápidamente al nuevo programa. Tú deberás hacer esos cambios basándote en la capacidad de tu perro, por lo que depende de ti ajustar el horario y mantener a tu Shiba Inu felizmente activo. Paseos más cortos y más frecuentes deberían satisfacer las necesidades de ejercicio de tu Shiba Inu, además de ayudar a dividir un poco más su día.

Tu perro disfrutará de las siestas tanto como de los paseos, especialmente si puede acurrucarse contigo. Dormir a tu lado mientras ves televisión o mientras tú mismo duermes la siesta es prácticamente todo lo que se necesita para que tu Shiba Inu mayor esté contento, pero aún necesita ejercicio.

La forma en que tu Shiba Inu disminuye su ritmo probablemente será la parte más difícil de verlo envejecer. Es posible que notes que tu Shiba Inu pasa más tiempo olfateando durante los paseos, lo que podría ser una señal de que se está cansando. También podría ser su manera de reconocer que los largos paseos constantes son cosa del pasado y por eso se detiene para disfrutar más de las pequeñas cosas. Detenerse a oler cosas puede darle ahora la emoción que solía obtener al caminar más lejos.

Aunque debes estar atento a que tu perro se canse, él también puede hacértelo saber. Si camina más lento, te mira y se deja caer, esa podría ser su manera de hacerte saber que es hora de volver a casa. Si su canino no puede manejar paseos largos, haz los paseos más cortos y más numerosos y pasa más tiempo jugando en tu jardín o en casa.

El envejecimiento y los sentidos

Al igual que las personas, los sentidos de los perros se debilitan a medida que envejecen. No oirán las cosas tan bien como solían hacerlo; no verán las cosas con tanta claridad; y su sentido del olfato se debilitará.

Los siguientes son algunos de los signos de que tu perro está perdiendo al menos uno de sus sentidos.

- Se vuelve fácil sorprender o sobresaltar a tu perro. Debes tener cuidado porque esto puede hacer que tu Shiba Inu se vuelva agresivo, una perspectiva aterradora incluso en la vejez. NO te acerques sigilosamente a tu perro viejo, ya que esto puede ser malo para ambos, y él merece algo mejor que ser asustado.
- Tu perro puede parecer ignorarte porque es menos receptivo cuando emite una orden. Si no ha tenido un problema antes, tu perro no está siendo terco, probablemente está perdiendo la audición.
- Los ojos nublados pueden ser un signo de pérdida de visión, aunque no significa que tu perro esté ciego.

Si tu perro parece estar "comportándose mal", es una señal de que está envejeciendo, no de que no le importa o quiere rebelarse. No castigues a tu perro mayor.

Ajusta su horario para satisfacer las cambiantes capacidades de tu perro. Ajusta la altura del recipiente de agua, abstente de reorganizar las habitaciones y acaricia a tu perro con más frecuencia. Probablemente esté nervioso por perder sus capacidades, por lo que depende de ti consolarlo.

Mantener a tu perro senior mentalmente activo

El hecho de que tu Shiba Inu no pueda caminar tan lejos no significica que su cerebro no esté igual de concentrado y capaz. De hecho, los cambios en su cuerpo probablemente serán frustrantes para él, por lo que querrás asegurarte de que tenga muchas otras cosas para mantenerlo activo y feliz. A medida que disminuye físicamente, concéntrate más en actividades que sean mentalmente estimulantes. Siempre que tu Shiba Inu tenga dominados todos los conceptos básicos, puedes enseñarle todo tipo de trucos de bajo impacto. En este punto, el entrenamiento podría ser más fácil porque tu Shiba Inu ha aprendido a concentrarse mejor y estará feliz de tener algo que todavía puede hacer contigo. Esa veta independiente seguirá ahí, así que dale a tu canino opciones para que pueda elegir lo que quiere hacer.

Los juguetes nuevos son otra excelente manera de ayudar a mantener activa la mente de tu perro. Ten cuidado de que los juguetes no sean demasiado duros para la mandíbula y los dientes envejecidos de tu perro. El tira y afloja puede ser un juego del pasado (no querrás dañar los dientes viejos), pero otros juegos como el escondite seguirán siendo muy apreciados. Ya sea que escondas juguetes o a ti mismo, este puede ser un juego que mantenga a tu Shiba Inu divertido. También hay pelotas de comida, rompecabezas y otros juegos que se centran en las habilidades cognitivas. Este es también un perro que ama los rompecabezas, lo que hace de los años dorados un momento para que comiences a idear formas de desafiar a tu perro – un gran ejercicio mental para ambos.

Algunos perros mayores sufren del síndrome de disfunción cognitiva canina (CCD), un tipo de demencia. Se estima que el 85% de todos los casos de demencia en perros no se diagnostican debido a lo difícil que es identificar el problema. Se manifiesta más como un problema de temperamento.

Si tu perro comienza a actuar de manera diferente, debes llevarlo al veterinario para ver si tiene CCD. Si bien realmente no hay ningún tratamiento para esto, tu veterinario puede recomendarte cosas que puedes hacer para ayudar a tu perro. Cosas como reorganizar las habitaciones de tu hogar están fuertemente desaconsejadas, ya que la familiaridad con su entorno ayudará a tu perro a sentirse más cómodo y reducirá el estrés a medida que pierde sus capacidades cognitivas. La estimulación mental ayudará a combatir el CCD, pero debes planear mantener a tu perro mentalmente estimulado independientemente de si exhibe o no síntomas de demencia.

Ventajas de los años senior

Los últimos años de la vida de tu Shiba Inu pueden ser tan agradables (si no más) que las etapas anteriores, ya que tu perro se ha suavizado. Todas esas actividades de alta energía darán paso a mimos y relajación. Que tu perro simplemente disfrute de tu compañía puede ser increíblemente agradable (solo recuerda mantener sus niveles de actividad en lugar de volverte demasiado complaciente con el nuevo amor de tu Shiba Inu por descansar y relajarse).

Tu Shiba Inu seguirá siendo un compañero cariñoso, interactuando contigo en cada oportunidad – eso no cambia con la edad. Las limita-

Foto cortesía de
Miriam Jamison

ciones de tu canino deben dictar las interacciones y actividades. Si estás ocupado, asegúrate de programar tiempo con tu Shiba Inu para hacer cosas que estén dentro de esas limitaciones. Es tan fácil hacer feliz a un Shiba Inu mayor como a uno joven, y es más fácil para ti ya que relajarse es más esencial para tu viejo amigo.

Preparándose para decir adiós

Esto es algo en lo que ningún dueño de mascota quiere pensar, pero a medida que ves a tu Shiba Inu disminuir su ritmo, sabrás que tu tiempo con tu dulce perro está llegando a su fin. La mayoría de los perros de trabajo tienden a declinar repentinamente, haciendo muy obvio cuándo necesitas comenzar a tomar cuidado extra de sus cuerpos envejecidos. Tienen problemas en superficies más lisas o no pueden caminar tan lejos como lo hacían antes. Ciertamente es triste, pero cuando comienza a suceder, debes comenzar a prepararte para decir adiós.

Algunos perros pueden continuar viviendo durante años después de que comienzan a disminuir su ritmo, pero la mayoría de los perros de trabajo no duran más de uno o dos años. A veces los perros perderán su interés en comer, tendrán un derrame cerebral u otro problema que surge con poca advertencia. Eventualmente, llegará el momento de decir adiós, ya sea en casa o en el veterinario. Debes estar preparado, y esa es exactamente la razón por la que debes aprovechar al máximo estos últimos años.

Habla con tu familia sobre cómo cuidarás a tu perro durante los últimos años o meses de su vida. Muchos perros estarán perfectamente felices, a pesar de sus capacidades limitadas. Algunos pueden comenzar a tener problemas para controlar sus movimientos intestinales, mientras que otros pueden tener problemas para levantarse de una posición tendida. Hay soluciones para todos estos problemas. Es clave recordar que la calidad de vida debe ser la consideración principal, y dado que tu perro no puede decirte cómo se siente, tendrás que observar señales de tu perro. Si tu perro todavía parece feliz, no hay razón para sacrificarlo.

En esta etapa, tu perro probablemente esté muy feliz simplemente durmiendo cerca de ti durante 18 horas al día. Eso está perfectamente bien siempre que todavía se emocione por caminar, comer y ser acariciado. El propósito de la eutanasia es reducir el sufrimiento, no hacer las cosas más convenientes para ti. Esto es lo que hace que la decisión sea tan difícil, pero el comportamiento de tu perro debería ser un indicador bastante bueno de cómo se siente. Aquí hay otras cosas que debes observar para ayudarte a evaluar la calidad de vida de tu perro:

- Apetito
- Consumo de agua
- Micción y defecación
- Dolor (notado por jadeo excesivo)
- Niveles de estrés
- Deseo de estar activo o con la familia (si tu perro quiere estar solo la mayor parte del tiempo, eso generalmente es una señal de que está tratando de estar solo para el final)

Habla con tu veterinario si tu perro tiene una enfermedad grave para determinar cuál es el mejor camino a seguir. Ellos pueden proporcionar la mejor información sobre la calidad de vida de tu perro y cuánto tiempo es probable que viva con la enfermedad o dolencia.

Si tu perro llega al punto en que sabes que ya no es feliz, no puede moverse o tiene una enfermedad fatal, probablemente sea hora de decir adiós. Esta es una decisión que debe tomarse en familia, siempre poniendo las necesidades y la calidad de vida del perro en primer lugar. Si decides que es hora de decir adiós, determina quién estará presente al final.

Una vez en la consulta del veterinario, si has decidido sacrificar al perro, puedes hacer que los últimos minutos sean muy felices alimentando a tu perro con cosas que no podía comer antes. Cosas como chocolate y uvas pueden poner una sonrisa en su rostro durante el tiempo que le queda.

También puedes hacer que tu perro sea sacrificado en casa. Si decides solicitar que un veterinario venga a tu hogar, estate preparado para cargos adicionales por la visita domiciliaria. También debes determinar dónde quieres que esté tu perro, ya sea dentro o fuera, y en qué habitación si decides hacerlo dentro.

Asegúrate de que al menos una persona que él conozca bien esté presente para que tu perro no esté solo durante los últimos minutos de su vida. No querrás que tu perro muera rodeado de extraños. El proceso es bastante pacífico, pero tu perro probablemente estará un poco estresado. Fallecerá dentro de los pocos minutos posteriores a la inyección. Continúa hablándole, ya que su cerebro seguirá funcionando incluso después de que sus ojos se cierren.

Una vez que tu perro se haya ido, debes determinar qué hacer con el cuerpo.

- La cremación es una de las formas más comunes de ocuparse del cuerpo. Puedes obtener una urna o solicitar un contenedor para esparcir las cenizas de tu perro sobre sus lugares favoritos. Asegúrate de no arrojar sus cenizas en lugares donde eso no esté permitido. La cremación privada es más costosa que la cremación comunal, pero significa que las únicas cenizas que obtiene son las de tu perro. La cremación comunal ocurre cuando varias mascotas son cremadas juntas.

- El entierro es el método más fácil si tu mascota es sacrificada en casa, pero debes verificar las regulaciones locales para asegurarse de que puedes enterrar a tu perro en casa, ya que esto es ilegal en algunos lugares. También debes considerar el suelo. Si tu jardín es rocoso o arenoso, eso creará problemas al tratar de enterrar a tu mascota en casa. Además, no entierres a tu mascota en tu jardín si está cerca de pozos que las personas usan como fuente de agua potable, o si está cerca de humedales o vías fluviales. El cuerpo de tu perro puede contaminar el agua a medida que se descompone. También puedes buscar un cementerio de mascotas si hay uno en su área.

Duelo y sanación

Los perros se convierten en miembros de nuestras familias, por lo que su fallecimiento puede ser increíblemente difícil. Las personas pasan por todas las mismas emociones y sentimientos de pérdida con un perro que con amigos cercanos y familiares. La ausencia de esa presencia en su vida es desconcertante, especialmente con un perro tan cariñoso y leal como el Shiba Inu. Tu hogar es un recordatorio constante de la pérdida, y al principio tú y tu familia probablemente sentirán un dolor considerable. Decir adiós va a ser difícil. Tomarse un par de días libres del trabajo no es una mala idea. Mientras que las personas que no tienen perros dirán que tu Shiba Inu era solo un perro, tú sabes que no es así, y está bien sentir el dolor y llorar como lo haría por cualquier ser querido perdido.

Perder a tu Shiba Inu también va a suponer un cambio sustancial en tu horario. Probablemente te llevará un tiempo acostumbrarte a la forma en que tu horario ha cambiado. Lucha contra el impulso de salir y conseguir un nuevo perro porque casi seguramente no estás listo todavía.

Cada persona lleva el duelo de manera diferente, por lo que deberás permitirte llevar el duelo de una manera que sea saludable para ti. Todos en tu familia también sentirán la pérdida de manera diferente, así que déjalos sentirla a su manera. Algunas personas no requieren mucho tiempo, mientras que otras pueden sentir la pérdida durante meses. No hay un calendario establecido, por lo que no puedes tratar de imponértelo a ti mismo o a cualquier miembro de tu familia.

Habla sobre cómo te gustaría recordar a tu perro, y asegúrate de escuchar. Puedes tener un memorial para tu mascota perdida, contar historias y plantar un árbol en memoria de tu perro. Si alguien no quiere participar, está bien.

Trata de volver a tu rutina normal tanto como sea posible si tienes otras mascotas. Esto puede ser tanto doloroso como útil, ya que tus otras mascotas todavía lo necesitarán tanto (especialmente otros perros que también han perdido a su compañero).

Si encuentras que el duelo está obstaculizando tu capacidad para funcionar normalmente, busca ayuda profesional. Si es necesario, puedes buscar en línea grupos de apoyo en tu área para ayudarte a ti y a tu familia, especialmente si este fue tu primer perro. A veces ayuda hablar sobre la pérdida para que puedas comenzar a sanar.

www.ingramcontent.com/pod-product-compliance
Lightning Source LLC
Chambersburg PA
CBHW070844120626
46556CB00002B/878